異文化と向き合う国際協力

—開発援助の現場から—

清水　正・清水マリエッタ

創成社新書
62

はじめに

人口減少が止まらない日本は、国内市場も縮小気味であり、日本の企業は今後さらに外国市場を開拓して生き残りをかけることになるだろう。外国市場だけではなく、日本の経済活性化のために外国企業による対日投資を引き込むべく、日本市場の拡大も求められているのが現状であろう。また来年の２０２０年夏に控えた東京オリンピックの開催時には、世界中から多くの人が日本を訪問することが予想される。そこで、これまで以上に個人レベルでも社会レベルでも、文化の違いと多様性を受け入れる必要性が高まっている。「日本の異文化理解力の希薄さや内向的日本文化の特徴が外国企業の対日投資の阻害となっている」との指摘も出ているくらいだ。

また、２０１９年秋には日本でラグビーワールドカップが開催されたが、前回２０１５年10月にイギリスで開催された際には、日本チームが対南アフリカ戦で歴史的勝利を収めたことを覚えている人も多いかと思う。試合後に五郎丸選手がツイートで「ラグビーが注目されている今だからこそ日本代表にいる外国人選手にもスポットを。国籍は違うが日本を背負っている。これがラグビーだ。」と述べていた。ラグビーのみならず、日本チームといっても純粋に日本人だけで戦っているのではない。グローバル化が叫ばれ、国内外でいろんな国や文化の人と仕事や生活で接する機会が、これまで以上に増えていくことになると思われる。

私は、今は妻・マリエッタの出身国であるオランダに住んでいるが、これまでに両親と弟・妹を含めた家族での転校が4回。親元を離れ（高校2年生の時に、父親が仙台に転勤となり、青森市内で弟と2人で下宿生活を始めた。当時、私は16歳だった）、高校卒業後、札幌にある大学で4年間を過ごし、妻と結婚するまでに住んだ国は、4カ国5都市。そして、結婚してから息子2人を連れて家族で暮らしつつ仕事をした国は、7カ国8都市になる。そんな私たちより、もっと大変な経験をしている人も世の中にはきっとたくさんいるはずだが、自身の子育ても終盤に近づき、これまでの経験を元に、異文化交流や海外勤務への心構え、そして国際結婚のことなどについて、私と妻の経験をいつかまとめてみたいと思っていた。

これまでも開発途上国（もしくは新興国）や先進国で仕事や暮らしをしてきて、異文化に向き合いながら改めて国際協力の難しさを痛感するとともに、自分なりに考えながら乗り切

図1　これまで生活・勤務した主な場所

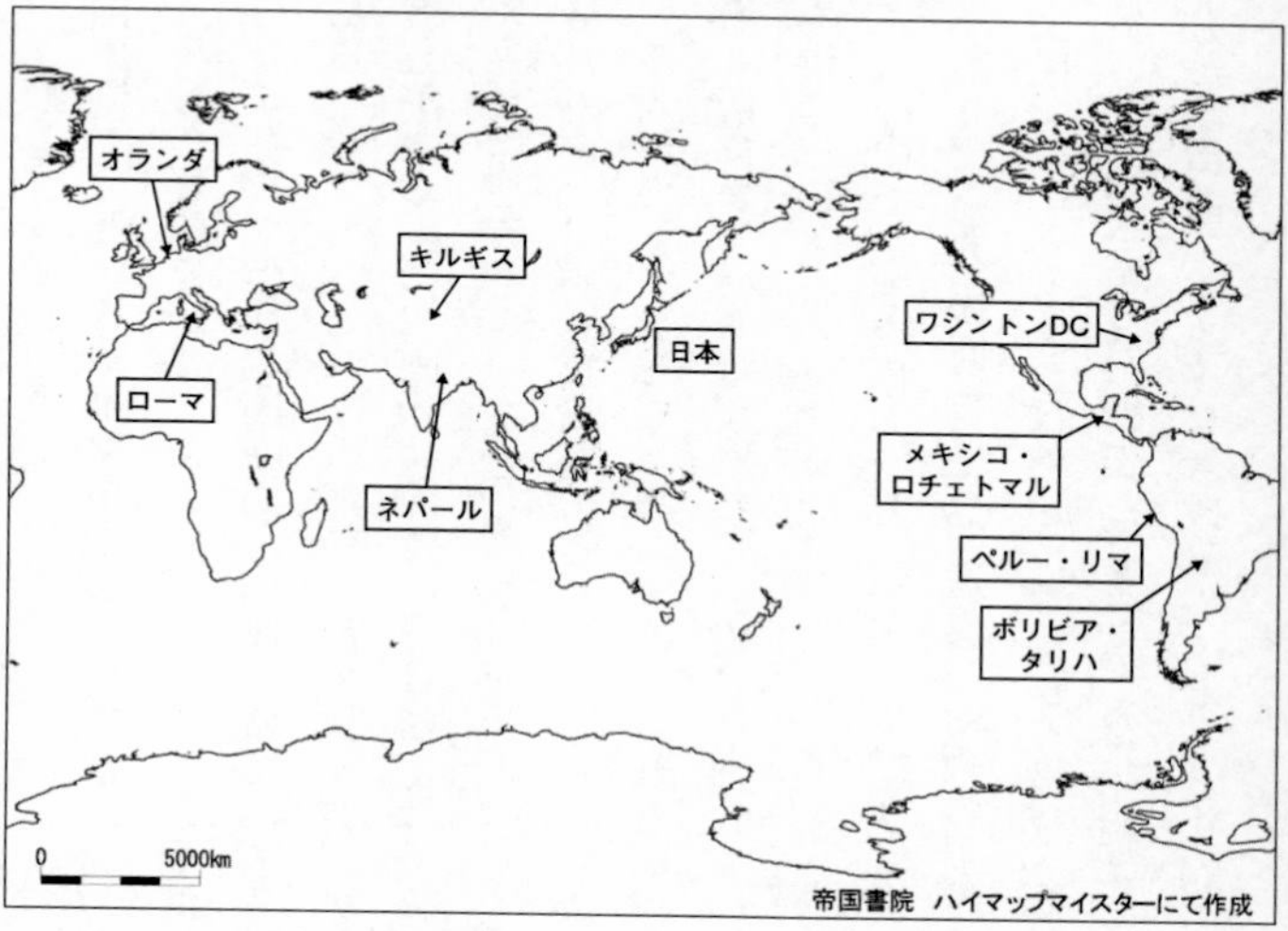

ってきた（きている）。過去にも多くの関連の本や文献が国内でも出版されてきているが、どうしても欧米諸国に偏った経験、もしくは特定の開発途上国での体験等が多い。私たちはこれまで25年間のうち、開発途上国（ネパール、メキシコ、ボリビアやペルー等）でおよそ11年間を、またオランダを中心にアメリカ合衆国やイタリアなどの欧米諸国でも単身赴任をせず一緒に家族と暮らし、長期滞在の仕事にも携わってきた（図1参照）。

本書では、これらの知見を体系的にまとめるとともに、著名な方々の先例なども参考にしながら、「異文化交流と国際協力」というテーマを、これまでとは少し違った面から取り上げてみたいと思っている。自分の経験を踏まえた上で、先人たちの事例等を取り上げることにより、この本がこれからさまざまな形態で国際協力に関わるであろう読者の方々の小さな道しるべとなれば幸いである。そして、これから海外に出て働く方、また日本にいても職場や地域で外国人と接する機会がある方に、欧米諸国だけではなく開発途上国（アジア、アフリカ、中南米等）での私たちの経験が、それぞれの異文化理解力を高めるための手助けになれば幸いである。また、今後は外国と日本を橋渡しできるような仲介者が増えて、日本の魅力をうまく伝えることができる人が増えて欲しいと願わずにいられない。そのような仲介者は、協力隊ＯＢ・ＯＧにも潜在的に多くいるはずだし、すでに活躍している人も多い（創成社新書・国際協力シリーズを参考）。

本書の中で「国際協力」と「開発援助」の２つの用語を使っているが、「国際協力」は目的であり、「開発援助」は目的達成のための手段であるという区分をしてみた。関連の書籍や文献では、ともすれば慣用的な語法や語感から両者がほぼ同意のものとして語られることが多い。『国際協力の誕生』の著者である北野によれば、「国際協力」という言葉の出自はもともと政治的で、ＪＩＣＡ設立の１９７３－74年頃に生まれたものとしている。開発援助や

ODAといった言葉に比べて、「国際協力」は政治臭が少なく響きがいいことから一般化している経緯があることも考慮に入れた上で読んでいただきたい。

本書の構成としては、まず1章および2章で、主に私と妻のそれぞれ違った異文化との出会いなど各々の体験を時系列的にまとめてみた（表1および2を参照）。幼少期に始まった各々の異文化体験、その経験を通じた上での異文化理解、そして個人レベルでの異文化交流を取り上げてみた。このような異文化体験や異文化理解、異文化交流を踏まえた上で、3章では家族で海外赴任した時のこれまでの経験や失敗談を述べるとともに、2人のこれまでのキャリア形成についても述べることとした。次の4章では、異文化とはどういうものなのか、そして体系的に取り上げているモデル（異文化経営や組織文化研究の権威であるホフステードが研究・開発したモデル）を参考にしながら、日本人として当然と思っている行動や習慣が他の国々では異なった形式となっている事例等を挙げながら、自国や他国の文化を理解することの重要さをまとめてみた。最後に、これからさらにグローバル化が進む世の中で、どのように日本人として異文化に向き合いながら、外国人と憎みあうことなく共存していけるかを探る上で、主にオランダの事例を中心に今後の課題等をまとめることとした。この本を手に取った人の期待に少しでも添えるようであれば、嬉しい限りである。

(結婚するまで)

マリエッタ				
居住地	学校	海外滞在	その他(海外等)	西暦
				1965
出生				1966
				1970
			ニクソン・ショック	
			ミュンヘン・オリンピック	
	小学校			
			スペイン総統フランコ死去	1975
		エクアドル初訪問	逆カルチャーショック	
	↓		日中平和友好条約調印	
	中高一貫校		アフガニスタン侵攻	
オランダ			イラン・イラク戦争が開戦	1980
			フォークランド紛争発生	
	↓			
	大学・大学院			1985
		両親メキシコへ転勤	チェルノブイリ事故	
		メキシコで現地調査		
				1988
		ネパールで現地調査	天安門事件	
↓	↓	メキシコ滞在	東西ドイツ統一	1990
パナマ		日本初訪問	ソビエト連邦の崩壊	
パナマ/オランダ				
オランダ		ネパール現地調査		
オランダ/東京			結婚(東京)	1994
東京/メキシコ				1995

表1　異文化との出会い

	タダシ			
西暦	その他（国内等）	海外滞在	学校	居住地
1965				出生
1966				（水戸市）
				↓
				西宮市
1970	大阪万博開催			
	札幌オリンピック		小学校	
				↓
				札幌市
1975				
	ロッキード事件			↓
			↓	熊本市
			中学校	
				↓
1980	カルチャーショック（熊本 ⇒ 青森）		↓	青森市
			高校	
	下宿（青森市内）			
			↓	↓
			大学	札幌市
1985	つくば万博開催			
		カナダ農場（初海外）		
			↓	↓
1988				ネパール
	昭和天皇崩御			
1990	逆カルチャーショック	オランダ・メキシコ滞在		↓
				東京
		パナマ滞在（3カ月）		東京/オランダ
		ネパール現地調査	大学院	オランダ
1994	結婚（東京）		↓	オランダ/東京
1995	阪神・淡路大震災			東京/メキシコ

（結婚してから）

	仕事以外		出来事	西暦
	タダシ	マリエッタ		
キャリア形成・魔の30代 ↕			スペイン語集中講座（タダシ）	1995
			在ペルー日本大使公邸占拠	
			アジア通貨危機	
			長男誕生（12月）	1998
		主婦	女厄年（33歳）	
	主夫		オランダ語学校（タダシ）	2000
	↓		次男誕生（8月）・9/11事件	2001
			FIFA ワールドカップ・日韓大会	
		主婦	配偶者雇用グループ（マリエッタ）	
			新潟県中越地震	2005
	主夫			
			男厄年（42歳）	
			オバマ大統領就任	
		主婦	配偶者雇用グループ（マリエッタ）	
			ハイチ地震・チリ地震	2010
			東日本大震災	
			ロンドン・オリンピック	
			ラグビー桜ジャパン	2015
			イギリス国民投票で EU 離脱派勝利	
			長男高校卒業・大学進学	
				2018
			ラグビーワールドカップ（日本開催）	
			東京オリンピック（予定）	2020

表2　異文化との出会い

西暦	居住地	仕事	
		タダシ	マリエッタ
1995	東京/メキシコ	FASID	JPO（UNHCR）
	メキシコ	ECOSUR	JPO（UNHCR）
	メキシコ/ネパール	ECOSUR/JICA	JPO/UNICEF
1998	ネパール	JICA	UNICEF
	↓	JICA	
2000	オランダ		NGO
2001	↓		NGO
	オランダ/ボリビア	JICA	NGO
	ボリビア	JICA	NGO
	イタリア	FAO	
2005	↓	FAO	IFAD
	オランダ		NGO
	↓	コンサルタント	NGO
	オランダ/アメリカ	コンサル/IDB	NGO
	アメリカ	IDB	
2010	↓	IDB	世界銀行/民間
	アメリカ/ペルー	IDB/JICA	民間
	ペルー	JICA	フィンランド技協
	↓	JICA	フィンランド技協
	ペルー/オランダ	JICA/コンサル	フィンランド技協/NGO
2015	オランダ	コンサルタント	NGO/オランダ外務省
	↓	（キルギスにて）	オランダ外務省
		↓	オランダ外務省/コンサル
2018			コンサルタント
			↓
2020	?	?	?

目次

第1章　異文化に接する：マリエッタの場合

1　異文化体験：国際結婚の両親やエクアドル訪問

オランダとラテンアメリカの文化に挟まれて

人生は偶然に事欠かないと時々思うことがある。私の両親が出会った話は、私が夫（タダシ、日本人）と出会った話と同じくらいユニークだと思うのでまず紹介したい。異文化について語る際に、自分自身のルーツから始めたほうがいいと思い、この文章を書くことにした。私自身が、2つの異文化の産物である（エクアドル出身の父とオランダ人の母）ことを踏まえて、文化的な違いの解釈について述べてみたい。

私はオランダ中部の町アームスフォートで育った。当時（1960年代）は、移住者の背景を持つ親を持つことはオランダでも非常に珍しく、父の使うオランダ語にはラテン語のア

マリエッタの父と姉（左側）・オランダの街中で

クセントがあったものの、語学レベルはかなり高く仕事にも生活にも支障をきたしていないと思っていた。でも父が本当にオランダでの生活に溶け込んでいたと感じていたかどうかは今でも疑問である。母はプロテスタント系の家庭で育った典型的なオランダ人で、父は同じキリスト教徒でもカトリックの背景を持つ南米エクアドルのラテンアメリカ人。両親が1962年（昭和37年）に結婚したとき、結婚式で違う宗教のカップルが結婚することはまだ大きな問題だった。その象徴として「2つの宗教が1つの枕で寝るならば、悪魔はその間に眠る」という言葉があるほどである。後で知ったのだが、母が父と結婚する際に、母は「自分の子供たちをカトリック教徒として育てる」ということを誓わなければならなかったらしい。私自身は10代後半まで非常に献身的なカトリック教徒で、毎週日曜日に家族と一緒に地元の教会に行き、自分の髪に花をさし、綺麗な紫色のドレスを着て、合唱団で歌っていた。私は歌が好きで、そのうちピアノを毎週日曜日に教会で弾くようになった。

そして、エクアドルに住む祖母（マミ・リンダの愛称で呼ばれていた）を家族で訪問した際に、カトリック系の宗教観が自分の家族に深く関連していることに気づいた。マミ・リンダは毎朝早朝に教会に出かけ、クリスマスの時期になると、キリストの生誕地を模した大きな「ナシミエント」を居間に作り上げるぐらい敬虔なカトリックだった。私が父の祖国エクアドルを初めて訪問したのは9歳の時で、それは壮大な旅行だったことを覚えている。私たちはエクアドルに4週間以上滞在するための特別許可を学校に求め、ほとんどがプレゼントで満杯となった10個のスーツケースを抱えてエクアドルに向かった。姉と弟、そして私と両親がそれぞれ2つのスーツケースを列車に積んで空港に向かった。それだけで約1時間半かかってしまった。当時、オランダからエクアドルに向かう飛行機の旅は、途中給油や乗り換えが多く、非常に長時間だったのでかなり疲れてしまった。そしてエクアドル到着の前になると、両親は3人の子供たちをエクアドルの国旗の3色（黄・青・赤）の服に着替えさせて、いよいよ首都キトの空港に降り立った。

当時の飛行機の機内でもらった赤道越え記念シール

航空機の階段を降りるとすぐに、エクアドルの家族が空港の建物の上に立って我々に手を振っているのが見えた。今でも祖父母との最初の抱擁を覚えている。それまでは、オランダから手紙や絵葉書、そして当時は高額だった国際電話でしか話したことがなかったエクアドルの家族との初めての出会いで、決して忘れることのない瞬間だった。祖母は、姉と私のためにわざわざ手編みのセーターを用意していて、それが私たちのサイズにピッタリだったのにビックリ。私たちが父から聞いていた物語はさておき、エクアドルはまったく違った文化的な規範と規則がある新しい国で、この訪問を前に両親がスペイン語を教えてくれていたのだが、実はそのスペイン語はかなり限定的だった。エクアドル滞在中で最も楽しかったことは、従兄弟と一緒に過ごしたことで、滞在した祖母の家には、叔母と3名の従兄弟が一緒に住んでいた（叔母の夫は、当時アメリカで仕事をしており不在)。叔母は、14歳のときに結婚し、15歳で初めての子供が産まれたので、実際には従兄弟を育てたのは祖母だった。

この時は私もまだ若かったので、これらの家族関係がどれほど複雑であるかを把握していなかった。この初めてのエクアドル訪問以来、2~3年ごとにエクアドルに行くことになり、徐々にいろんなことに気付くようになった。まず第一に、私のエクアドルの家族は大家族であるということ。7人の叔父・叔母と約40人の従兄弟がいるのだから、いつでも誰かが近くにいて世間話をしたり遊ぶことができた。夜になると、家族が集まって音楽とギターを奏でる集会が始まるのだった。祖母は「パシヨ (pasillos:エクアドルのフォルクローレ)」を歌うのが好きで、叔父がいつもギターを伴奏した。私はこのパシヨという地元の音楽が好きになり、歌詞を通じて伝わってくる喜怒哀楽を楽しむようになった。

異文化間のジェンダー問題と不平等

しかしこのような楽しいことばかりではなく、エクアドルのような国では男性と女性の役割が大きく異なるということに気づき始めた。例えば、姉と私は2人だけでキトの通りを歩くことができなかった。その理由は「危険」ということだったが、実際には未婚の女の子が

「同行者不在」で歩かないようにしていただけ。それ故、私たちは従兄弟や友人、近所の人たちと一緒に出かけるようになった。私たちがダンスパーティーに出席したとき、ある男性が近づいてきて私と踊る許可を、従兄弟に尋ねたことがあったことを覚えている。それは私（オランダ人）にとってなんとも不可解で、私はダンスを誘ってきた男性に笑って答えた。「直接、私を誘っても構わないし、（従兄弟の許可ではなく）私の許可が必要でしょ？」私を見知らぬ男性から守ることが任務だった従兄弟は、私の反応が気に入らなかった。これは明らかに文化的な違いによるものだった。

エクアドル滞在中に私たち姉妹がとても特別な気分に浸ったのは、私たちのヨーロッパ的な外見のためか、従兄弟を通じて紹介される男の子たちから多くの注目を集めることとなったからである。私の青い目が珍しいのか、彼らは私の瞳をジロジロ覗き込んだりした。また、私たちは従兄弟から〝活きた〟スペイン語を学んだのだが、わからないことも多く、そのたびに私の父に説明を求めたことを覚えている。

しかし、エクアドルではいつも楽しいことばかりではなかった。従兄弟は芳しくない学業の成績やちょっとした悪態が原因で、両親や叔父叔母に罰せられることがあり、時には革製ベルトで殴られたりした。このような肉体的懲罰が身近に起きることを私たちは悲しく思い、傷ついてしまった。また、祖母は、メイドを自宅の庭に住ませていたのだが、トタン屋根の下で子供と一緒に住んでいたメイドをはっきりと覚えている。私はその粗末な部屋に入って、悪臭と汚れと小さな赤ちゃんが隠れるように住んでいるのに驚いた。このことから、私は貧困がどのようなことなのか嫌でも認識させられた。後で気づいたのだが、エクアドルには、階級社会と民族問題が根強く残っており、先住民族は虐げられ、差別が至るところに垣間みられた。

エクアドルでの初めての滞在だったにもかかわらず、すぐに文化に適応して住み慣れてしまったので、長い休暇が終わってオランダに戻らなければならないと気づいた時には、非常に悲しくて混乱してしまった。そして、エクアドルに住みたいと思うようになり始めた。私のエクアドルのイメージは、人々が陽気で、よく笑い、美しい歌を奏でているというもので、そんなロマンチックな気持ちを同年代の男の子にも重ねるようになっていた。オランダに帰国後、私は誇らしげに「ポンチョ」を身に着けて学校に出かけたりしたのだが、学校では「なんで毛布を着ているの?」と同級生に笑われてしまったこともある。

その後、私たち姉妹と弟はオランダの同じ進学校に通い、学業に励むことになった。姉が18歳で私が16歳の時に、通っていた近所の教会を介してラテンアメリカのグループで「正義と平和」と呼ばれる運動に参加する機会があった。そこで、アルゼンチンやチリなど南米における独裁体制と、南米における先住民族に対する圧政についての話を私たちは初めて聞いた。当時は、ラテンアメリカの人々が「人民の力」のようなスローガンを通じて、独裁体制に異議を唱え戦っている時代だった。そして、ペルーのアンデス音楽団がオランダに来たとき、私は翻訳者としてボランティアをしながら、彼らの公演（駅やパブ、コンサートホール）を手伝ったりした。

オランダの大学に入学して研究テーマを選ぶ時に、スペイン語とラテンアメリカの言語を選んだことは、当然の成り行きだったかもしれない。その1年後に、私は文化的側面をもっと探求したいと感じるようになり、ラテンアメリカの専門機関でアムステルダムに拠点を置いていたＣＥＤＬＡで授業を受け始めた。そこで、文化人類学という学問があることに気づき、文化と開発援助の理解をさらに深めたいと思うようになった。

階級社会とカースト制度

大学ではこれまでのラテンアメリカにおける経験と知識を活かすべく、エクアドルで修士課程論文作成のためのフィールドワークをすることが最善であると確信していた。エクアドルにおける階級社会とその不公平さに、当時大変興味を持っており、なぜ中間階級が先住民族を見下ろすのかというテーマで調査をする予定だった。そのため、研究の枠組みとアンケートを作成して準備を進めていた。エクアドル行きの航空券を手配しようと思っていたら、同じ学科の仲間の学生であるフローラがネパールでの現地調査を計画しており、私に参加するよう頼んできた。「スコープを広げて何か新しいことをしたらどうなの？」と彼女は言って、ネパールという国、そこの人々、そしてアンナプルナ保全地域プロジェクト（Annapurna Conservation Area Project：略称ＡＣＡＰ）について説明してくれたのだった。エコツーリズムと貧困緩和を組み合わせた当時としては画期的なプログラムに関する記事が、ナショナル・ジオグラフィックにも取り上げられており、代表のチャンドラ・グルン博士のインタビューも記事になっていた。

あれだけ中南米にゾッコンだった私だが、未知のアジアに興味が湧いてきた頃でもあり、たった2日間で自分の調査計画を転換し、ネパールに行って、「下層階級のプロジェクト参加」をテーマにＡＣＡＰで研究することを決めたのだった。テーマは社会的不公平や社会階層で結びついていたが、文化的背景はエクアドルとネパールではまったく違い、ネパールでの調査はすべてが新たなものとなった。ネパールでの現地調査準備を進める上で、私とフローラは次の3つに取り組んだ。

①ACAPのディレクターであるグルン博士へプログラムの研究に参加させてもらえるよう依頼する手紙を送り、

②辺境の村に向かう必要があるので、訓練として階段をできるだけ登り始め、

③アムステルダムの研究所で開かれていたネパール語学コースに、私かフローラのどちらが参加するかを決める。

語学コースには、幸運なことに私が参加することとなり、仲間のためにレッスンに参加してその内容を録音した。

そして、1989年10月にネパールに到着し、ポカラというネパール西部の観光都市からACAPの本部があるガンドルック（Ghandruk）村まで2日間歩いた。この時すでに私はガイドとネパール語で簡単な話ができるようになっていた。ネパールの最初の印象は、私にとって決して忘れられないものだった。連なる山々、花、ネパール人の笑顔、街に漂う線香の匂い等々。そして、首都のカトマンズから離れていくほど、美しい自然が出てくる風景。

その当時、ポカラを離れると舗装された道路はほとんどなく、ディーゼル発電機がある村を除いて、村々にはまだ電力が届いていなかった。もちろん温水などはなかった。結局、我々オランダ人グループは、ガンドルック村のミランロッジと呼ばれる宿にほぼ4カ月滞在して、調査を進めたのだった。

ミランロッジに落ち着いた後、私は村の探索散歩に行き、地元のグルン族らしき人を見つけ、ネパール語で簡単な会話をしてみた。「ローカル」との最初の出会いに大喜びし、ロッジに戻ったところ、ロッジの主人が「さっき、あなたが日本のボランティアと会って話したのを見たけど?」と声を掛けてきたので、私は「グルン族の人に話しただけです。」と答えた。すると、主人曰く「彼は眼鏡をかけていなかったか?」と。そして「彼はシミジだ、日本人だ。」と言うのだ。そのシミジ（タダシのこと）は、ACAPで改良したカマドを各村に設置し、薪の節約量を測定するだけでなく、ロッジの改良カマドにパイプを取り付けて、海外からの観光客がキッチンの隣でお湯のシャワーを使えるようにする仕事をしていることを知った。それまでは、ロッジに宿泊するトレッカーのために用意するホットシャワーは、薪を使って別途お湯を沸かしていた。この改良カマドは、キッチンでの炊事とシャワーへのお湯供給を組み合わせることで薪の消費を軽減することを目的としており、ACAPの森林保全活動の一環だった。当時、村々には太陽熱温水器等がまだ設置されていなかった。タダシは私たちと意思疎通を図ろうとしていたが、残念なことに彼の英語はとても貧弱で、一方、私たちのネパール語はかなり初歩的なレベルだった。また、彼の同僚で植林を担当していたもう1人のボランティア（齋藤くん）もおり、後で紹介してもらった。私たちは研究のために村から村へと歩き、ロッジの所有者、地方自治体、下層階級の人々にインタビューしなければならなかったが、夜になるとしばしばACAPのスタッフやグルン博士らと雑談をしたり、インタビューのために夕食を一緒にとることが多かった。電気もない村で、娯楽があまりないことから、地元で作られる「ラクシー」（シコクビエの蒸留酒）を飲みながら、マダル（地元のドラム）の音楽で踊ることが一般的だった。

このようにして、夫にネパールの村で出会ったのだが、彼の何が魅力であったか、何年にもわたって一緒に日本文化を観察しながらよく考えたものの、25年以上経った今でも、これらのテーマについて思いを巡らせている。

タダシを通じて、私はいくつかの典型的な彼の特性にすぐに気がついた。例えば、タダシは出会った1日目から私たちを手伝ってくれた。「バックパックを持ってあげますよ。」と言われたり、「オランダのラジオ番組だと思います。」と言って、短波ラジオでオランダのニュ

故チャンドラ博士（中央）とネパール中西部・ガンドルック村にて（左が私，右がフローラ）（1990 年 2 月）

ースを聞かせてくれたりした。また、「灯油ランプを修理してあげましょう。」と言ってくれたこともあった。齋藤くんの家に夕食に招待されたとき、彼は「ちょっと今日は特別だよ！」と言っていたので、何のことかと思いきや、夕食用に地元の鶏を購入しており、それを齋藤くんの庭でさばいていたことを後で知ったのだった。そうとは知らずに一緒に食べた夕食は、彼らがちょうど屠殺した鶏肉の料理で、本当においしかったことを覚えている。

タダシは私たちの身近な問題を解決するだけでなく、多くの村人たちの問題を解決しようとしていた。彼は下宿先の少年に日本語を教えたかと思うと、プロジェクトの現地スタッフと一緒に対象の村々を徒歩で巡回して、改良カマドの設置や修理を行った。また、料理をする女性たちに改良カマドの使い方を教えたりもした。さらに、技術的問題を解決するだけでなく、現地語（グルン語）を交えて地元の人を笑わせるなど、コミュニケーションにも努めているように見えた。彼のネパール語はレベルがかなり高いようだったが、現地に溶け込もうとして、地元民のような衣服を着てまるでネパール人のように見えるのは、私にとっては少し残念だった。

2　異文化理解：日本人のタダシや日本での経験

タダシのオランダ初訪問

タダシはＪＯＣＶ（青年海外協力隊）の任務が終了したら、すぐにネパールからオランダを訪ねると約束しており、オランダの到着日まで決めていた。ところが、直前（１９９０年夏）になって手紙が届き、オランダ訪問は遅れるだろうと書いてきた。私は怒りが募り、時間が経つにつれ彼が本当に現れるかどうか疑問に思うようになった。だから彼が本当にオランダに来ることになったときには、空港で友人と「オランダへようこそ」と日本語で書いたバナーを掲げて迎えてあげようと計画した。

当時の私は、まだ学生寮に住んでおり、他の7名とキッチンを共用し、バスルームとシャワーは隣の部屋の学生と2人で共有している環境だった。タダシは、中古の家具に囲まれた小さな私の部屋に自分のバックパックを置いて、すぐに学生寮の一員になった。「浴衣」を着ながら日本のサンダルを履いて、台所でよく日本食を調理し、彼の頼りない英語は、身体の動作で補うようにし、オランダ語も基本語彙を学び始めた。彼は言葉があまりできなかったが、学生寮の住人とコミュニケーションをとるようになっていた。私は後で、他の日本人と出会うようになって気づいたのだが、日本人は相手が必要とするものを「読む」能力に非常に優れていると感じた。時にはこのやり方が、誤ったコミュニケーションを引き起こす可能性があるものの、私たちが欧米諸国で実施している言語による確認作業も、日本人にとっては一般的ではないように思えた。また、タダシは今回のオランダ訪問が初めてのヨーロッパ滞在で、ヨーロッパの他の国々を訪問したいと切に願っていた。「フランスでブドウ摘みのアルバイトをし、ブリュッセルなども訪れたい」と私に言ってきたが、私は修士論文をまとめるのに忙しい時期だったこともあり、彼はオランダ国内の日帰り旅行を繰り返す程度だった。ある日、私の姉が私たちに車を貸してくれ、ブリュッセルに向かうことにした。私は運転免許証を持っていなかったから、タダシに運転を頼んだ。運転し始めて、「日本では車は左側通行なので、ヨーロッパの右側通行は大丈夫かな。」と言い出した。何を今さら！と車内で喧嘩を始めたものの、小旅行を中止する理由にはならないと判断して、ブリュッセルまで往復して無事オランダに戻ったのだった。このことを通じて、日本人は外国人とはまったく異なった行動、あるいは逆のことをする傾向（例えば、文章の書き方、車の運転ルール、勤務時間後のビジネス）があると気づいた。

私は、論文執筆で忙しかったこともあるのだが、幸運にも学生寮の仲間がタダシと仲良く過ごしてくれた。ある時、仲間の1人であるハンクと一緒にオランダ北部のグローニンゲン市までヒッチハイクに出かけたりした。そして、1990年10月に論文を書き終えると、私は彼に、「実はメキシコに住む両親を訪問する航空券をすでにもらっている」と打ち開けた。両親は私が21歳のとき（1987年）にオランダからメキシコに転勤しており、扶養家族の訪問は認められていた。しかし、私とメキシコ市内に住む両親とはコミュニケーションがあまりひんぱんではなかった。また、当時はオランダからメキシコに電話をかけるのに、お金がかなりかかった。そのような状況の下、私はネパールであったことを含めて、近況を両親にきちんと説明していなかった。そこで私は、一足先にメキシコ入りして、直接、両親に説明するのが適切だろうと考え、2週間早めにオランダを出た。そして、彼がメキシコに到着する時に、私は1人で空港に迎えに行くつもりだったが、なんと、両親も車で一緒に行こうと言ってくれた。何も知らなかった彼は、初めてメキシコに足を踏み入れた時に、私の両親まで迎えに来てくれているとは夢にも思っていなかっただろう。

ものを分かち合う心構え

メキシコ入りしてから、2人でバックパック旅行に1カ月ほど出かけることにした。目指す場所は、メキシコ南東部でマヤ遺跡が点在するチャパス州やメリダ州などだった。限られた予算ゆえ、私たちは1日約10ドルでやりくりするという非常に低予算で旅行をすることにした。旅の途中では、安宿ゆえゴキブリの出る部屋で過ごしたりしたこともあったが、多くは快適な場所に滞在することができた。そして使えるお金を毎日のように計算して節約し、メキシコ市に戻るバス代だけは手元に残すようにしていた。そんなある日、バスターミナルで朝食を食べていたら、所持金を奪われた日本人に出会い、なんとタダシはこの人を助けなければと思ったのか、彼を朝食に誘った。私たちもメキシコ市に戻るのでお金に余裕はなく、タダシが何を言い出すのかとハラハラしていた。この日本人とタダシが日本語での会話を終え、ホッとしていたところ、なんとタダシは手持ちのお金の一部をこの惨めな日本人旅行者に渡してしまったのである。それでもメキシコ市へのバス代は何とかなると信じて、チケットを購入しようとカウンターに並んだところ、衝撃的な事実が待ち受けていた。私たちが旅行をしている間に、バス代が50％も値上がりしており、当初乗る予定だった1等クラスのバスには乗れないことがわかったのである。タダシは安い2等クラスのバスでもいいじゃないかと慰めるのだったが、長旅で疲れており、各駅停車の古いバスには乗りたくなかった。

そこでお金を増やそうと、まずは私が持っていた新しい乾電池をバスターミナルにいる旅行者たちに買い取ってもらうことにした。それでもまだ足りなかったので、私たちは次の手を考え、ターミナル内にいる寛大そうな観光客にアプローチすることに決めた。最初に私は親切そうなフランス人観光客に近づいたが、残念ながら彼らは協力してくれなかった。次はタダシの番。接近したのがドイツ人の若いカップルで、なんと彼らは、私たちにお金（当時の金額で6ドル程度）を恵んでくれた。何とも幸運だった。そんなこんなで、なけなしのお金でサンドイッチの食事をとり、メキシコ市内にある両親の家に到着するまでの飢えをしのいだのだった。ここで私は重要な教訓を学んだ。タダシは他人が困っているときはまず彼らを助けることを優先し、自分のことは二の次にすることがある。これは私にとって貴重な体験となった。

初めての日本への旅行

メキシコ旅行の後、オランダに戻ったものの、当時の私は卒業後の就職活動中だったことから、日本を訪問するのは金銭的にもかなり厳しい状況だった。とはいえ、私はタダシと離れ離れで寂しいこと、そして何よりも、謎めいた彼の国を知りたくなっていた。日本旅行のための飛行機代は何とかなりそうだったが、当時の私には金銭的な余裕がなかった。私は日本に関する本を読んで色々調べ、外国人女性がバーでウェイトレスとして働ける可能性があることを知った。その当時、あるオランダ女性がそうした仕事をした経験を本に書いていたので、入手して読んでみたところ、これは私にとって完璧なアルバイトのように思えたのだった。私は日本語を練習しながら多くの収入を得られるのでは？　と期待するようになった。

1991年3月に成田空港に到着すると、私の名前を書いた出迎えのメッセージを掲げて、タダシは待っていてくれた。空港に到着したら、似たような何百人もの日本人男性の中からどうやって彼を探せるだろうか？　とかなり心配になっていたので、ホッとしたのを覚えている。日本に滞在して最初の数週間は、タダシのような外見をした日本人がたくさんいるような気がして、待ち合わせをしていても、ほかの男性と間違えることがしばしばあった。この時、欧米人には、表情に乏しい日本人を見分けるのが難しいと実感した。

「エイリアン」であること：視線を合わせない日本人と顔の表情を読み取る工夫

日本に到着して、私が最初に気になったことの1つが、視線を合わせないことだった。私が道を尋ねたり、会話をしようとすると、相手は私の目を見るのを避けるのだ。なぜだろうと何やら不安に感じた。「何か間違ったことでもしたのだろうか？」「何らかの理由で私を好きになれないのでは？」「日本人から見ると変なことをしてしまったのかな？」などと考え始めてしまう。そして、以前、野外調査でグアテマラに滞在した時に会った先住民族が、同様の行動をとっていたことを思い出した。これが文化的な違いだと理解できるようになってからは、それに対処することは特に問題ではないと感じるようになってきた。日本では感情を示す場合、その多くはかなり微妙なやり方となり、主に声調を使って行われており、表情を変えて感情を示すことがほとんどない。

私が思うに、日本人は、文脈は会話の抑揚に左右されると信じており、言葉の調子や姿勢、顔の表情の変化によく気付く。というのも、言葉一つ取っても、いくつかの意味を持つことが多々あり、話す相手のしぐさを見ながら、その言葉の持つ真の意味を探そうとしている。そういう背景もあって、間違ったメッセージを送信しないよう、多くの日本人は、表情を変えずに話す場合が多い。このことは、日本人が持つ資質、つまり他人に共感し、第三者のニーズを読み取るすばらしい能力を裏付けることになるかもしれない。例えば、あなたが不快だと感じていると察したら、すぐに必要なものを用意し、座布団を用意し、寒い冬には暖かいお茶を、暑い夏には冷たいお茶を提供する（おもてなし）。別の言葉で言うならば、私と視線を合わさないことや「外人」の隣に座らないという日本人の対応は、ある意味で究極の丁重さなのかもしれない。わかりやすい答えを求めたり、会話をしたがっている「外人」を手助けできないようだったら、無視したほうがいい！　とか、「外人」が話し始めるかもしれないので、それが自分の身に降りかからないようにして、このような厄介な状況を前もって避けるということになる。日本では「沈黙」ということが、欧米と比較すると、コミュニケーションの一部として日本の習慣に統合されており、探りを入れるための語彙や、擬音語（オノマトペ：例えば、ピチャピチャという雨の音）、そして抑揚などが特徴的で、これらを使うことによってコミュニケーションがより創造的になっていると考えられる。

感情をなかなか表に出さない日本人

日本に来て馴染めなかったことのもう1つが、日本人の感情が普段なかなか現れないこと。日本の文化では、真の感情を簡単に出さないし、ましてや職場環境では稀である。だから、職場の帰りに同僚や上司と一緒に飲み会に出かけることがとても重要となる。飲み会やカラオケの後で、ほとんどの日本人男性は、ゆるやかに打ち解けて愚痴などをこぼし感情を示すようになる。お互いの外見について面白おかしく言い合うことも珍しくない。酔っ払った席なら、無礼講。ある日、部下が上司に向かって次のように絡んでいるのを聞いたことが忘れられない。「あなたは頭が大きいですね、何でなんですか？」。ただし、このレベルのジョークは、飲み会の場面でのみ許可されており、仕事中には決して言及してはいけない。また、タダシの同僚が夜遅くまで飲んだ後、私の肩で泣き出し始め、彼の失恋について私に説明し始めたこともあった。翌朝、私はこのことを彼に話してみたのだが、彼は普段に戻っており、私が何について話しているのかわからないふりをしたのだった。本当なら、昨晩のことなど知らないふりをしていればよかったのだが、これは私の誤った行動だったと後で気づいた。このような状況を理解し、いつどのような場所だったらプライベートなことなどを話すのが適切なのかを判断するのはなかなか難しいもの。日本人は、こういう状況や行動を相手の表情や話し方でさっと判別するので、まるで以心伝心のように私には見えた。

社会階層（ヒエラルキー）は日本文化において非常に重要な位置を占める。通常、年配者が最初に話すことになっており、地位の高い人が会議で特定の場所に座って決定を下すことになっている。また職場での年功も重要で、大学レベルでさえ、学年が1年でも上であれば、その先輩の階層的地位が尊重される。

お辞儀と挨拶の仕方

西洋の握手に相当するのが、日本ではお辞儀であろう。たぶん、日本における身体言語のうち、お辞儀は日本人の人間関係を最も象徴的に表している身体言語だと思う。腰が低くお辞儀をする時間が長くなるほど、尊敬の程度が高くなる。握手の堅さが、その個人の信頼と尊敬のレベルを決定するということに何となく似ているかもしれない。日本人女性がお辞儀をする場合は、両腕を前方に出し、両手を膝の辺りに保つが、男性の場合は両腕を脇に揃えてお辞儀をする。日本の会社などでは、電話を掛けながらお辞儀をしている風景をしばしば見ることができる。欧米人にとって、この複雑な挨拶の儀式をする際に、間違いを起こすことは許容範囲である。とはいえ、外国人であるあなたが正しくお辞儀をしたい時に、何らかの形でこの儀式がすんなりと進まない可能性はかなり高いといえよう。私も、まだ努力をし続けているが、一方では「きちんと」お辞儀をしない外国人というのは、日本人にとって微笑ましく見えるものなのかもしれない。また、買い物をする時にオランダでは、自分から店員さんにサービスを求めざるを得ないことが多いが、日本では入店すると受付でお店の女性や男性が頭を深々と下げてお辞儀をしてくれ、買い物の時間をできるだけ楽しいものにしようとするサービスを感じ取ることができる。このことは、一部の外国人にとっては快適に感じるものの、他の人にとってはしつこく感じるようだ。とはいえ、もしあなたが早朝に顧客として迎えられたとき、きちんとお辞儀をして迎えられたとしたら、それはとても嬉しく思えるのも事実である。

しきたりとしての清潔感

日本では、家に上がる際に靴を脱ぐことが一般的だが、外国人が日本人の家を訪問する際には混乱しがちとなる。あなたが玄関から家の中に入ろうとすると、床が20センチほど高くなっており、それはあなたに「靴を脱いでスリッパを履くべきだ」と暗示していることになる。家の中に入り廊下を歩いて行くと部屋があるのだが、その部屋の床が畳に覆われている場合には、スリッパを脱ぐことになる。そして、トイレには、トイレ専用スリッパが別に用意されている。スリッパ文化は清潔さを示す儀式のようなものかもしれない。当時の私はトイレに入って出る時に、スリッパの交換を忘れて、後で気がつくことがしばしばあった。私

秋田県角館の武家屋敷にて
(2007年10月)

にとって妙に思えることは、ネパールのような外国でも、日本人プロジェクトの事務所において、この習慣が日本人たちのために維持されていることだった。地元ネパールのスタッフはスリッパ文化のような日本のルールを遵守するよう求められており、この日本人のしきたりをネパール人が受け入れてくれることを暗に期待していたのかもしれない。

権力の距離感

ホフステードの著書である『多文化世界』の副題は「心のソフトウェア」となっている。これは、私が最近になって研修を受けた神経言語プログラミング（NLP）と呼ばれるコースに照らしてみるとかなり興味深い。

ホフステードが私たちの文化の一般的な特徴を紹介したものとすれば、NLPは、さまざまなタイプの人とその表情を読む方法を示すツールといえるだろう。それぞれの文化や顔の表情、そして非言語コミュニケーションにおける関係性を知ることは、間違いなく興味深い分野である。例えば、日本における視線回避。日本人の顔において特に目が最も表情を現すと思われていることから、日本人女性が笑い声を出すときに顔を隠すことがよくある（また、能のお面も然り）。私が神道の儀式に従って東京で結婚したとき、私はまるで白いマスクをかぶっているかのように、顔を白い粉で包まれてしまった。白い花嫁の着物は白無垢と呼ばれ、結婚した女の子の純粋さと純潔さの両方を象徴している。新婦は新しい家庭に入る際に、純粋で純潔であることが前提なのだ。結婚式の写真では、新しく結婚したカップルは、白い顔に対して歯が黄色に見えてしまうかもしれないので、笑わないように指示される。白は日本人にとって非常に重要な色であり、清潔で純粋な儀式的意味がある。タクシー運転手の手袋は白色で、まるで新しい手袋のように真っ白だ。

人々の職場での行動について知る場合に、よく使われるのがＤＩＳＣ(1)の性格判断で、各々がどの類型に合致し、どんな仕事や関係を志向しているかを探るものだ。

とはいえ、それぞれがどんな仕事をし、どうやって職場環境に適応しているかについて、文化的な解釈もあるといえよう。そして、意思決定プロセスについては別の解釈がある。オランダでは、ヒエラルキーがあまりなく、むしろ立場的に平等な職場環境があるとされており、従業員と上司との距離感は比較的近く、地位に関わらず意見を述べることが求められ、それらが会社の意思決定に影響を及ぼす可能性もある。日本では、上下関係がしっかりしていて、仕事を進める時に決定は上司がする。また、上司が会社に残っている限り、部下はたとえ仕事が終わっていても、オフィスに残ることになっている。

これらの職場倫理や書かれていない規則は、日本人と働く外国人にとってかなり影響がある。例えばネパールにいた時、土曜日にプロジェクト事務所が開くことがあったが、土曜日は基本的にネパールの文化に即して休みである。だから、ネパールのスタッフが自分の気持ちに反して働かなければいけないような状況が生まれていた。私たちオランダ人は、これが仕事の生産性にとって何を意味するのかを疑問視していた。

もちろん、日本の文化はグループでの調和を求めており、グループの中では「面子を失う」ことを避けるために多くのことが行われている。例えば、私が一対一で話していると、その相手はかなりしっかりした英語で会話をするのだが、夕食などの集まりでみんなと一緒にご飯を食べるような状況になると、彼（女）の英語のレベルはすぐに低下して、まるで彼

（女）が英語が喋れるということをグループの前で「披露」したくないような行動をとったりする。同じような観点から、グループ内の誰かの「恥」の感情を誘発したくないというものもあるのだと思うが、私がよく受ける質問に「あなたはいくつの言語を話せますか」というものがある。もし正直に、「4カ国語を喋ります」とでも答えようものなら、私はなんて無礼な奴なんだ、と相手に思われているかもしれない。というのも、ほとんどの日本人は日本語以外に、外国語をもう1つくらいしか話さないからだ。一方、同じ質問に次のように答えると、相手は意外に喜んで、私も好印象を受けることになる。「4カ国語くらいだけど、全部はうまく話せないし、日本語も下手です」。そうすると相手はこう言ってくれるに違いない。「いやいや、あなたの日本語は上手ですよ」。この謙虚さが実は大事なのだ。

ゲストを招待する、される

もちろん、日本人から夕食などに招待されると、招待者側の奥さんは非常に気を遣ってきちんと準備をして、ベストの日本食を提供できるよう創意工夫をして振る舞うことが多い。ことに海外にいる場合は、日本人の多くが故郷の食べ物や飲み物が恋しくなり、自分の好きな飲食物を口にしたいと思うようだ。私が結婚してすぐの頃は、海外駐在中に他の日本人主婦の行動をコピーしようと考えていた。つまり、日本人の妻としての責任を何となく感じていたのだ。しかしかなり早い段階で、私にその役はうまく務まらないということを悟った。そしてなるべくその任務をやらないことにした。例えば、パーティーを自宅で主催するときには、タダシが日本食を担当し、私はサラダなどの西洋料理を作ることにして、自分自身をリラックスさせようとした。開発途上国では、きちんとした日本の食材を見つけるために、私たちは駐在の日本人と買い物の情報を交換し、常に最高の食べ物を見つけるよう多くの努力を費やしたものだ。ネパールの首都カトマンズにあるキドホテルは、正統な日本食と清潔な部屋が有名で、長男の賢治がまだ赤ちゃんだったときによく利用していた。当時は地方都市のポカラに住んでいたので、都会に出たときにこのホテルに泊まることを、タダシだけでなく、私も楽しみにしていた。

日本人同士が主催するパーティーには、協力隊員も良く集まり、いろんな話題について語り、そこで、彼らが地元の文化にどのように溶け込もうとしているか、またどんな苦労をしているのかなど、興味深い話を聞くことができたのもいい思い出だ。隊員の中には、日本への郷愁に苦しんでいる人もいたが、ネパールやボリビアで楽しんでいる人も多く、地元の人にギターや踊りを教えてもらったり、民謡や絵を学んだりと、日本では学ぶことが不可能なことに取り組んでいた。

3　異文化交流：海外での育児や教育

ポカラで過ごした妊娠期間とメキシコ市での出産

私が最初の赤ん坊を身ごもった時は、ネパールの中規模都市ポカラに住んでいた。私たちは子供を授かるというニュースにとても嬉しくなったが、一方で私たちの生活環境について色々と考え始めるようになった。これまで子供がいない時にはあまり気にならなかったことが、意外と気になる。ポカラ市内はそれなりに発展し始めていたが、定期的に停電が起きたり、携帯電話（当時）がなかったので、緊急時に外界と連絡を取るのが困難になりがちだったり、市内の交通、そしてその騒音、また粉塵などに苛々したりしがち。また、前はよく使っていたトゥクトゥクと呼ばれる簡易三輪車が、身重になると実は危険なものに感じるようになってきた。もちろん、この現実に接しながら、私の日常生活も変わるようになってきた。また、私の味覚と嗅覚が変化し始め、それまでは気にならなかった水牛ミルクの味が嫌いになり、街の通りに漂う匂いも嫌になってきた。そんな時、私は死んだ牛が何週間も放置されているのを見てしまったことを覚えている。ネパールでは牛は聖なる動物なので、普通の人は触りたがらないのだった。

また、妊娠の経過診断のたびに私は、カトマンズまで飛行機で2カ月に1回の頻度で出かけた。それから、まだ続けていたユニセフの仕事でも、私は村に旅行する際は、ポカラからあまり遠くに行かないように心がけた。舗装道路が郊外に出るとほとんどなくなり、道路が未舗装で凹凸になっている。そういうところでは車に先に進んでもらい、私は車を降りて歩くことにした。そして、妊娠4カ月頃に私たちは一時帰国で日本とタイを訪問し、やはりタイの都会の環境が快適であると感じたのだった。

それから、ネパールに戻るとモンスーンの季節が始まり、私はとてつもなく大きな不安感を感じるようになった。さらに、ポカラにいたほとんどの欧米系の友人たちは、この豪雨の雨季に一時帰国や観光旅行のため、ポカラを去っていくのだった。しかしお腹が大きくなっていたこともあり、私はポカラに留まった方が賢明だと考えた。タダシは時々プロジェクトの仕事で現場に行く必要があったのだが、1人で家にいると、私は突然恐怖を感じてしまった。

ある日、私は「洪水で溢れつつある川が家を洗い流してしまい、夫が転落し落ちてしまった」という夢を見てしまった。そして、遠くメキシコに住む自分の両親に何かが起こったのでは？　と気がかりになった。そして、両親と自分のオランダの友人たちが、とても恋しくなってしまった。ポカラで暮らした約3年間のうち、この頃が私にとって一番辛かった時期で、こういう時に限って、降り続く雨のために、私たちの家の内壁を緑色のカビが覆うようになったりした。

出産日が近づいたある日、カトマンズで最高と言われていた地元病院を見に行った。病院の壁には「唾を吐かないこと！」という注意書きが貼られていたり、感電した患者が運ばれた様子が伺えた。「ここでは出産したくない」とその時、強く思った。ネパールは雨季も終わり、ダサインなどのお祭りで長期休暇になっていたので、カトマンズに上京し、私たちはリラックスするために瞑想などのコースに参加し、カトマンズに住むオランダの友人の家の留守番をしながらのんびりと過ごすことができた。そして、今度は病院探しにタイの首都バンコクまで出かけて、健康診断をしてもらい、出産のための病院も探してみた。探しながら気づいたのは、いくら病院の設備がしっかりしていても、バンコクには友人も知り合いもいないということだった。そして、自分たちの初めての子供を出産するときは、自分の母のそばにいたい！　とフツフツと思うようになった。そこで私は、私の両親と小児科医である私の姉が住むメキシコにネパールから行くことに決めた。地球の反対側にあるメキシコは、遠く離れていて、私はオランダ系のKLM航空に乗ってアムステルダム経由でメキシコに向かうことにした。その時はすでに出産を間近に控えていたこともあり、長旅は心配だったが、アムステルダムに当時住んでいた私の弟と数日間過ごすなどして、無事メキシコに到着したときはホッとした。私の母はスチュワーデスに頼んで車椅子を手配してくれていて、飛行機のゲート側までわざわざ私を迎えに来てくれた。

長男の賢治は、その年1998年12月21日に、メキシコ市内の病院で予定より3日早く生まれた。タダシは休暇を取ってネパールから日本経由でメキシコまで来て、出産に立ち会うことができた。しかし仕事があったので、ネパールに早く戻らなければならなかった。私は、生まれて3週間の賢治を抱えて、1人でメキシコからオランダに向かった。隣に座ったのがアラブ系の織物を手がけるビジネスマンで、彼は私の赤ちゃん用品をわざわざ運んでくれ、私のために彼の隣にビジネスクラスの座席まで確保してくれた。彼は自分自身も父親であることを説明し、困ってそうだったから助けたかったと言ってくれ本当に嬉しくなった。メキシコからネパールに向かう経由地となったオランダでは、私の弟夫妻が借りていたアムステルダムのアパートに1週間滞在して、私の友人たちもお祝いを兼ねて訪問してくれた。そして私の弟は、賢治にとっても大変良い叔父であることがわかった。私はカトマンズに到着するのが待ち遠しく、着いてからも親子3人で日本式ホテルのキドゲストハウスで過ごすのが、とても嬉しかった。この時は、タダシの仕事の継続がはっきりしておらず、どのくらいポカラに住むのか定かでなかった。ただ、ポカラでの3回目の雨季を迎えた時、地元航空会社ネコンの墜落事故が起こった。そして私たちの知り合いも何人か亡くなり、飛行機が飛ばない間は、ポカラが世界から隔離されたように感じた。そして、賢治が1歳になる前に、私たちはポカラを後にし、オランダに住む準備を始めた。

ネパールからオランダに移り住む

私の弟はアムステルダム市内に2部屋のアパートを借りていて、仕事上の理由からドイツにすでに転勤をしていたが、我々のためにアパートを借りたままにしておいてくれた。住宅事情があまり良くないアムステルダムで、私たちはこのアパートを借りることができて、とてもラッキーだった。このアパートは、同じ建物にスーパーマーケットが入っていて、動物園も近く便利だったこともあり、2000年6月まで8カ月ほど住んでいた。賢治の初めての誕生日は、オランダ人の友人や家族、そしてたまたまオランダに遊びに来ていた日本からの友人たちと一緒に祝った。そして新しい世紀（2000年）の年越しは、私のアパートの屋上から花火を見て過ごした。私は一時的な仕事を見つけたが、開発援助関連の仕事ではなかった。一方、タダシは主夫として（今で言うイクメン）、近所の動物園に賢治と頻繁に出かけたり、買物ついでの散歩をしたり、執筆や読書が可能な居心地の良いオランダのカフェを訪ねたりしていた。ただ、小さな子供と過ごすには、アムステルダムは少し賑やか過ぎたので、私たちは学生街であるユトレヒト市で、アパートではなく庭のある家を探すことにした。そして、私はフェアトレードのNGOであるソリダリダードの仕事を見つけて働き始めた。

タダシは引っ越したユトレヒトの家で育児や家事をしつつ、賢治を週2回だけ託児所に預け、ボランティアの仕事をしていた。また、ユトレヒト周辺に住む日本人グループとも知り合いになり、賢治と同い年の男の子・周（あまね）君らと定期的に遊ばせるようになった。2000年秋からは、ユトレヒト市役所主催のオランダ語コースに週4回通うようになり、1年間通ってオランダ語検定取得を目指した。そして2人目の子供の太陽を妊娠したとき、私たちは新しい家に落ち着き、家族としてオランダでの生活を満喫できるようになっていた。太陽はユトレヒト市郊外にある大学病院で8月30日に生まれ、両親や親戚が近くにいないので、タダシが出産に立ち会う時は、隣人が賢治を一晩預かってくれたりした。

仕事の方は、出産前に3カ月休みをもらっていたので、出産してから1カ月後には職場に復帰することになった。私が太陽を保育園に預ける時は、母乳を前もって瓶に入れてそれを届けていた。保育園に週2回預けるのも結構お金がかかったが、タダシがオランダで仕事を見つけるためにも時間を融通する必要があった。彼は就活をしていくつかの面接を受けたものの、「あなたが流暢にオランダ語を話せないのであれば難しい」とやんわりと言われることが多く、外国人が仕事を探すのは非常に難しいとの感触を受けていた。彼は雑用を手伝うために、私の事務所にも何度か来てくれた。仕事はフェアトレードの認証やクイチ（Kuyichi）のようなオーガニックのジーンズブランドを立ち上げていた頃で楽しかったが、小さかった2人の息子となかなか一緒にいる時間がないのが残念でもあった。

そんな時、タダシがＪＩＣＡの専門家として南米のボリビアで働かないか？という提案を受けた。そして、私は子供たちともっと一緒に過ごせるだろうから「行きたい！」とすぐに返事をしたのだった。実際に行くかどうかは、プロジェクトのあるタリハ（ボリビア南部）という街がどんなところかとか、家族で住んだ場合にオランダと比べて長短所はどうなのか、などを2人で協議して、最終的には家族全員で移ることに決めた。私の職場であるソリダリダードがタリハにあるＮＧＯと連携していたこともあり、私は彼らのためにいくつかのボランティア活動を手伝えるよう、前もって連絡を取ったりもした。住み始めたばかりのユトレヒトの自宅に留守中に住んでくれる人を探していたところ、オランダ男性と結婚した日本人女性が家を探していると聞き、手続きを進めることにした。この時点で私たちは、どれくらいの間オランダを離れることになるのか、まったく想像がつかなかった。次男の太陽はちょうどハイハイをし始めたばかりでまだ1歳になっておらず、賢治は保育園で健やかに育っていた。こうして家族4名の開発途上国での冒険が始まった。

ボリビア南部タリハでの子育てと仕事

ボリビア南部のタリハ州都・タリハはあまり知名度は高くないものの、住み心地のいい街だった。人口はおよそ20万人で活気に満ちたコンパクトな街で、いくつかのレストランやホテル、パブ、そしてライブハウスなどがあった。タダシが東京でJICAの派遣前研修を受け、タリハに向かったのは2002年7月。飛行機の旅は長時間で、成田からニューヨーク経由のJALに乗り、ブラジル・サンパウロ空港に着いたあと乗り換えて、ボリビアではサンタクルースの次にコチャバンバとさらに2回乗り換えをした。ようやく目的地のタリハに着いた時には、日本を発ってからすでに35時間が経っていた。さすがに疲れ切っていた私たち夫婦だったが、当時3歳半だった長男の賢治はケロッとした顔で「次はどの飛行機に乗るの?」と我々に聞いてくる始末。空港には、JICAプロジェクトの業務調整員だった神谷さんらが迎えにきてくれ、荷物とかを車に詰め込んで街の中心街にあるホテルに泊まった。

タダシは、仕事のため、すぐにプロジェクトの事務所に通うようになったが、私は子供2人と毎日公園に出かけ、鳩とかに餌をあげたり、泊まっていたホテルの部屋で遊んだりした。そして3週間くらい経った頃、ホテルのスタッフが、近くにとても素敵な幼稚園があると説明してくれた。私たちは見学に出かけたのだが、賢治は一目見てすぐに気に入ったようでホッとし、平日は毎日午前中だけだが通わせるようにした。長期滞在なので、ずっとホテル住まいというわけにはいかず、借家を探し始めてちょうど1カ月後に、庭がある2階建ての素敵な家を見つけることができた。賢治には、1階の個室を自分の部屋として、太陽と賢治が一緒に遊ぶプレイルームも設置できるくらい大きめな家だった。子供たちの教育の一環として、オランダを発つ前に、私は「オランダの世界学校」という団体に連絡して、賢治(太陽も後から)が遠距離でも学べるようなオランダ語と基礎幼児教育の教材を入手しておいた。毎日、この教材を使って私は子供たちに、オランダの歌を教えたり、ゲームをしたりした。一方、タダシはオランダにいる時から日本の通信教育の月極めパッケージに登録しており、すでに日本語や簡単な算数を教える教材をボリビアまで取り寄せていた。ビデオテープも入っていて、歌番組などが面白おかしく編集されたものが多く、異国で子供たちが日本語を学ぶのに大変役に立った。

私たちは、近所に住む日本人やオランダ人、ドイツ人、ベルギー人らと知り合って仲良くなり、子供同士で遊ばせて親同士は雑談を楽しんだ。地元のボリビア人とも徐々に仲良くなり、週末に誰かの家に呼ばれるようになった。また、私たちは民族音楽の演奏家や地元出身の画家たちとも知り合いになり、楽器や絵画の指導をしてもらったりもした。暑い季節（南半球なので夏は年末年始にかけて）には、プールや近くの川へ子供たちと一緒に泳ぎに行き、楽しく過ごせた。週末には時々、テニスやバーベキュー、そしてライブ演奏会などがあった。タリハでの生活にも慣れて落ち着いてきた頃から、先住民族のグワラニー族と関わる地元のＮＧＯで小さな仕事を始めた。このＮＧＯは、パラグアイとの国境付近で掘削しようとしている石油会社へ公正な補償を交渉している団体で、時々、現場にも現地スタッフと出かけた。そして、オランダのＮＧＯである Hivos から、環境および社会的影響調査のための資金調達を手伝ったりした。

開発途上国における乳幼児期の育児について一考

日本やオランダ、または先進国の若者の中で、国際協力分野で働こうと思っている人には、私は子供たちと一緒に海外に行くことを強く勧める。いろんなメリットがあるが、子供と一緒に比較的長い時間過ごすことができるし、日本の「サラリーマン」みたいに仕事で多忙な生活をしながら自国に留まるよりも、自由な時間が多いはずだ。日本でサラリーマンをやっていたある日本人の専門家は、ボリビアに赴任してから、自分の趣味のために余暇をとり、赴任してきた家族も円満で、借りた家も大きく、かなり満足した海外生活を過ごすようになった。また、子供の遊びに利用できる空間が豊かで広く、大自然に近い暮らしができるので健康的だ。もちろん、子供を伴う家族と一緒に快適に暮らすためには、基本的な保健医療設備ときちんとした学校教育が不可欠であるが、子供の頭は柔軟なので地元の言語もかなり早く覚えてしまう。

ボリビアにいた時は、前述した家庭教育以外にも、子供たちを地元の幼稚園に通わせてスペイン語ですべてのことをこなすようにさせた。長男は幼稚園から地元の小学校に入るようになり、その時は毎朝、制服を着て地元のスクールバスで通っていた。また、私の両親が私たちを訪問してきた時には、地元のバンドを呼んで歌と踊りのパーティーを開催したりした。1年半近く住んだタリハは、盆地で周りの地域からかなり隔離されていたが、必要なものは一通りそろっており、生活には不自由しなかった。

ただ、赴任前にJICA本部で聞いていた情報とは異なり、残念ながらタダシが関わったこのプロジェクトは延長されないことになり、わずか1年半で次の仕事を探さないといけない状況に陥った。そして、フィリピンのマニラで林業関係の専門家を探しているという誘いを受け、家族で赴任することを模索し始めたのだが、マニラに関してあまりいい情報を聞いていなかったのも事実。児童誘拐が時折発生しているとか、熱帯なので伝染病が流行りやすい、マニラ市はメガシティでスモッグも問題になっている等。このマニラ行きの誘いの他に、同時並行でFAOの仕事という別の選択肢が浮かび上がってきた。勤務先は、本部のローマの予定で、正式採用の通知までかなり時間がかかりそうだった。その間に私たちは盛岡に住む義理の両親の家に約3カ月滞在することになった。たまたま地元の幼稚園が空いていて、短期間でも受け入れてくれるというので、賢治も太陽も通いながら日本語を少しずつ覚えたりした。結局、FAOから正式採用の通知をもらったのは11月中旬で、マニラ行きを断り、私たちがローマに向かったのは12月上旬だった。

ローマでの2年間　多感な小学校時代

ボリビアを離れ、日本からローマに到着した時には、私たちの長男の賢治は小学1年生だった。到着してすぐにインターナショナルスクールを探し始めた。ボリビアのタリハと違って、歴史的に由緒があり大都市で首都でもあるローマでの学校探しに、私たちは何かとストレスを感じた。一方、教科書にも出てくるような歴史的な建物がたくさんある文化的な場所に住み始めたことを素直に楽しみ始めた。私たちは、2週間のホテル暮らしの後、タダシの勤務先であるFAO本部から近くのテスタッチオという場所に家具付きアパートを見つけて生活を始めた。私たちはすぐに、交通渋滞や騒音、そして街中で叫ぶイタリア人などの煩わしさに満ちた環境であることに気付き始めた。12月でクリスマス休暇も近づいていたが、幼稚園と小学校が併設された私立学校に2人を毎日通わせるようにした。子供用の公園もいくつかあったことから、そこで子供たちをよく遊ばせた。タダシは自分の仕事に没頭してしまい、私は子供たちを託児所に預けている時間にイタリア語の学校に通ったり、ほかの配偶者たちとFAOのオフィスで出会ってお茶を飲んだりして時間を過ごした。

子供たちが通っていた学校は、実は何人かの配偶者たちに紹介してもらったところだったが、カトリック系であったこともあり、私はあまり好きになれなかった。しばらくすると、子供たちから次のような話を聞いた。「スープにパスタやメインが出て美味しいけど、昼食時に周りの子供たちと話すことが許されていない、制服が汚れるといけないから外で遊んではいけない」と。どうしたものかと説明を聞きに行ったら、そこの修道女曰く、「健全な子供たちを育てるためにあらゆる種類の懲戒規則がある」ということだった。

こんなこともあり、長男を転校させようということで探して見つかったのが、アンブリットというインターナショナルスクールだった。入学手続きがえらく煩雑だったが、放課後に学校の校庭でサッカーができるとか、いろんな国の生徒がいて多国籍な雰囲気を長男は気に入ったようで、ホッとした。クラスは多文化だったが、子供たちの半数以上はイタリア人で、彼は非常に満足し、学校にも楽しそうに通い始めた。次男の太陽は、私たちが郊外のアパートに引っ越してから見つけたウルグアイ出身の女性が経営する託児所に平日は通うようになった。

この頃から、ローマで働いてみたいという気持ちが高まり、私は配偶者の雇用グループに参加し始め、国連機関の国際農業開発基金（IFAD）でのコンサルタントの仕事を見つけた（後述）。また、FAOで働くドイツ人女性が、ローマ郊外の小さな別荘を共同で借りたいと誘ってきたので、月に1－2回ほど気分転換に出かけるようになった。田舎ののんびりしたところで、浜辺にも近く10月まで海で泳ぐことができるような恵まれた場所であることに、借りてから気づいた。また、FAO日本人職員のKさんは、一時期ローマ郊外の湖に家を借りており、週末に招待してもらって湖で遊んだりバーベキューを楽しんだりしたのもいい思い出である。

ローマには2年間しか滞在しなかったが、子供たち、特に次男は気がつけば流暢なイタリア語を話すようになっていた。フルタイムで働くタダシは平日は、仕事から戻って子供たちが寝る前に過ごす時間を除いて、彼らと一緒に過ごす時間がほとんどなくなり、せっかく覚えた日本語を忘れるようになってきた。一方、私は何かにつけて家の中ではオランダ語を話し、オランダ語の衛星放送が受信できるようにベランダに円盤の受信装置（サテライト）を取り付けたりした。しかし、子供たちの友人のほとんどはイタリア語を喋るのだった。実際、ローマ市内には、小さい子供を持つ外国人の家族が思ったよりも少なく、仲良くなった家族のところに平日遊びに行くことがあれば、車を運転せざるを得なかった。ローマの交通事情はかなり悪く、何度か接触事故を起こしそうになった。また、ローマの夏は非常に暑く、夏休みがとても長い（6月中旬から9月上旬までの約2カ月半）ので、夏休みには毎日、子供をプールに連れて行った。こうして、ローマでの生活は2年で終わり、私たちはローマを去ることになった。イタリアの生活はそれなりに楽しかったが、ローマのデメリットも多く、実のところあまり後悔はしなかった。

オランダ現地校を経て、アメリカの公立校へ入る

ローマを離れたのが2005年12月上旬で、タダシがローマで使っていた車を運転しながら北上して、イタリア北部からオーストリアやドイツを2週間くらい観光しながらオランダに向かった。母国とはいえ、オランダに戻って生活をもう一度始めるのは、かなり面倒だった。幸いにも、私たちがボリビアとローマに滞在中にユトレヒトの自宅に住んでいた日本人とオランダ人のカップルは、すんなりと明け渡してくれて、我が家に予定通り戻ることができた。

私はローマにいる頃から打診していたフェアトレード団体であるIFATで働くことが決まり、年明けからすぐに職場のクルンボルグという街に通い始めた。タダシは家事や炊事、洗濯の担当となり、地元のオランダ小学校に朝と午後、子供たちを送り迎えし、地元サッカークラブの練習や試合、そして水泳訓練などのスポーツ行事にも積極的に連れて行ってくれた。新しい職場の給料は決して良くなかったが、私の月収だけでなんとか暮らせた。それ

は、ローマでの素晴らしい大きなアパートと、海辺にあった別荘という生活と比較するとかなり質素だったが、その変化にも子供たちを含めて徐々に慣れていった。地元の小学校はすべてオランダ語だったので、3年生になっていた長男は書き方などを再学習しなければならないといった苦労に巻き込まれた。私の仕事は、海外出張が時々あり、バンコクやインドネシア、中米などに出かけた。タダシが在宅だったので、安心して海外出張もできた。

その頃、タダシはフェアトレードについての本の執筆に取り組んでおり、いろんな人に会っていた。また、しばらくして日本のコンサルタント会社の契約社員になり、アフリカ（ナイジェリアやタンザニア）や中南米（メキシコやエルサルバドル）の短期コンサルタントの仕事を引き受けるようになっていた。

仕事も生活も軌道に乗り、家族としても安定した生活ができるようになっていた時に、タダシの友人を通じて、アメリカ合衆国のワシントンDCに本部がある米州開発銀行（IDB）がスペイン語と英語で仕事のできる日本人を探しているという連絡をもらった。この時、私たちがオランダに戻ってから3年近く経とうとしていた。このユニークな誘いについて2人で話し合い、DCに住んだことのある知り合いなどにも相談し、面接を受け、承諾されたのが2008年の5月中旬だった。それから、アメリカの特別なビザの取得、学校の転校手続

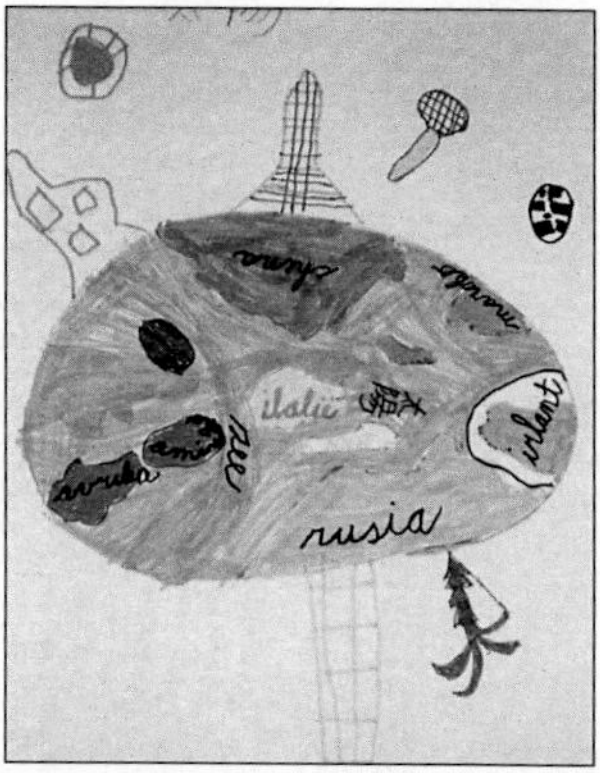

アメリカへの引越し前に，賢治がオランダの級友からもらった世界地図のプレゼント（2008 年 10 月）

き、職場への説明、持ち家の新しい借主探しなど、忙しい毎日を過ごしてDCに着いた時には、10月中旬になっていた。この時、大統領選挙が真っ最中で、オバマ氏が選出された時の熱狂をアメリカ市民と一緒に味わうことができたのは幸運だった。賢治はすでに9歳で、太陽もちょうど小学2年生だった。

アメリカでは面白い友人の輪ができた。メリーランド州に住むことにしたのだが、近所には外国人が結構多く住んでいて、週末を一緒に過ごすことができるなどとても気に入った。その中でも、通りを2つ挟んだところに住むスウェーデン人の家族とはとても仲良しになった。日本人の友達もかなりでき、音楽を奏でたり日本食を一緒に作ったり、政治経済文化などについて気軽に議論したりと、刺激的な毎日だった。また、週末にニューヨークに出かけて、政治の街DCとは違ったオープンな雰囲気と文化を楽しんだりした。生活を始めた当初は、私が毎日、子供たちを学校に連れて行った。学校は地元の公立校で、歩いても10分くらいの距離だったので、そのうち、親がいなくても自分たちだけで通学できるようになるだろうと楽観視していた。半年で、息子たちが英語での授業についていけるようになったのは幸いだった。

ＤＣ滞在中は、２人とも放課後にサッカーをした。また、賢治は中古のドラムをサッカーのコーチから譲ってもらいレッスンを受け、太陽はピアノを弾き始めた。借りた家には地下室があり、子供たちの遊び場として使った。また、毎週土曜日には、オランダ語の補習校があり通わせるようになったことから、日本語のレベルはどんどん下がった。平日の放課後は友人と遊んで英語を話すため、２人の間でも英語を話すようになった。こうして3年間過ごしたアメリカだが、私もいろんな仕事をする機会があった。世界銀行で何カ月か働いた後、アメリカのコンサルタント会社に所属し、ウルグアイやハイチ、エクアドルなどに出張して、開発援助プロジェクトの社会配慮監査などを行った。いい同僚にも恵まれ、充実した仕事だったが、米国を離れることになった時は、泣きたくなった。そして、新天地の南米ペルーに向かったのは２０１４年11月上旬だった。タダシが新しくＪＩＣＡの仕事を見つけたからだ。

アメリカにおける子供たちの学校

アメリカの公立校にはＥＳＯＬという移民受け入れの見事な仕組みがあり、合理的に学習レベルでクラス分けをしていた。地元の小学校に通ってまもなく、次男が泣いて帰ってきた。先生が「プリーズ、サムライ！」と言っているけど、自分が日本人の父を持つからなのかよくわからないという。後で面談の時に聞いたら、その女性担任は「Please summarize（要約しなさい）」と次男に頼んだというではないか。おかしくてタダシと一緒に笑ってしまい、なんだかホッとしたことを覚えている。彼女は四国に8カ月ほど滞在して、英語を教えていたことがあり、日本のことを知っていたのが幸いだった。

地元の小学校に慣れてきた頃、Gifted and Talentedという特別コースで才能のありそうな生徒を別途集めてエリート教育を施すという国家政策があることを知った。そのための試験が定期的にあり、実は次男は通学を始めて半年後に受験してみた。ギリギリで合格に至らなかった（ＩＱテストも含むが、英語のスコアが低かった）のだが、受かっていたら、毎日スクールバスに1時間揺られて、隔離された学校で授業を受けていたことになり、放課後に

次男太陽・アメリカ・メリーランド州の公立小学校にて
（2008 年 11 月）

学校の友人と遊んだりする時間はきっとなかっただろう。

註

（1）性格診断テスト：主導型（Dominance）、社交型（Influence）、安定型（Steadiness）、慎重型（Conscientiousness）。1920年代に心理学者ウィリアム・M・マーストン博士により提唱され、その後改良されて現在に至っている。

コラム1 COLUMN 小学生も弱肉強食のアメリカ

勝負は，「勝つか負けるか，ではなく勝つか，それ以外」。勝つという単語は，英語で win, victory, triumph などがある。そして敗北は失敗とみなされる。ここで思い出したのは，地元メリーランドの小学校に息子たちが通っていた時に，成績でもサッカーの試合でも，ちょっと自慢ができるくらいだと，級友は「自分が Best だ」と言い始める。“Race to nowhere” という映画は，パーフェクトになれないハイスクールの子供が，A をとってあたりまえ，B 以下は failure というカルチャーのプレッシャーに耐えられず自殺してしまうという物語。日本や韓国で過熱している受験戦争と，似ているともいえよう。

この映画を通じて見えてきたことは，自分がよい教育を受けられなかった親であれば，「ぜひ子どもには，よい教育を受けさせたい」と思うものだということ。反対に，自分がよい教育を受けた親であれば，「ぜひ子どもには，自分と同じレベルかそれ以上の生活をさせたい」と思い，子どもの教育に時間とお金をつぎ込んでいる。「いい大学＝いい仕事＝いい生活＝幸せ」という均一的な方程式を信じ，小学校どころか生まれて数カ月から始まる英才教育では，A をとってあたりまえ，B 以下は失敗の代名詞なのである。だから，子どもが学校から帰ってくると，宿題・課題を確認し，やった宿題に間違いがないかのチェックにも余念がない親たち。その裏にはもちろん愛情が存在するわけだが，親の不安も見逃せない。勝ち組と負け組，トップ 1% と拡大する貧困層，セーフティー・ネットのない社会，きびしい経済状況などが，その不安をさらに拡大させるのがアメリカなのだと痛感した。

(出典：http://smartandresponsible.com/blog/race-to-nowhere/)

第2章　異文化に接する：正の場合

1　異文化体験：学童期の国内での引越しや海外体験

幼少期の国内での引越し体験

異文化に初めて接したと自分で感じたのは、海外ではなく、中学2年生の冬でちょうど3学期が始まった頃だった。それまで住んでいた南国の熊本市を離れ、父親の新しい赴任地は青森県青森市だった。暖かい九州から雪国の東北に来ただけでもかなりショックだったが、転校先の造道中学校では、どうやら転校生を全学年の前で紹介するのが慣行だったようで、私ともう1人、山形県から来た2人が講堂の壇上に呼び出され、司会から紹介された後、簡単な自己紹介をさせられた。自分ではきっと標準語をしゃべっていたはずだ（熊本弁の訛りが少し残っていたかもしれない）。そして新しいクラスに入ると、いつもの転校の時と同様、

西宮市内の社宅にて祖父と（右端が私）
（1972年夏）

周りから好奇心の眼で見られる。でももっと大変だったのは、授業をする先生の言葉が聞き取れなかったことだ。理科の先生は、「さしすせそ」の発音が「スシスセス」みたいな発音になっているし、まともにわかった授業は確か国語の時間だけだった。また休み時間も周りでしゃべっている会話がテンでわからない。札幌市から熊本市へ小学校6年の夏に転校した時も、肥後もっこすのコトバには散々苦労したが、その比ではなかった。1週間とにかく黙って授業を聞いているうちに、なんとなくわかるようになった。そしてクラスの中で友達も何人かでき、放課後の部活動（卓球部）にも参加して、異文化ショックも徐々にやわらいでいったのだ。

中学2年生の冬から暮らし始めた青森市で地元の高校に進学し、途中で父親が再度転勤（仙台市）となったことから、1つ年下の弟と下宿生活を高校卒業まですることとなったが、大学受験や部活動（バドミントン）に打ち込んでいたこともあり、忙しく毎日が過ぎていった。その後、北海道大学に入り、初めての海外体験は4カ月、農場で仕事に明け暮れたカナダだった。

海外生活初体験（カナダにて：1985年冬から1986年春まで）

大学時代には、自然に親しむ会「野客（やかくと読む）」に所属して北海道の自然を満喫していた。山岳部やワンゲル部ほどハードではないものの、夏には沢や岩登り、冬には山スキーを楽しむ同好会で、高校時代に山岳部で鍛えられた先輩や後輩もおり、幅広い活動をモットーにしている集まりだった。3年生の時には部長というポストについて、1年間だが偉そうにしていたのも今となっては懐かしい思い出で、朝日新聞のジャーナリストでヒマラヤやベトナム、カナダエスキモーなどの探検取材をしていた本多勝一に憧れていたのもこの頃だ。大学に入るまでは、海外に行くことなんてまったく考えていなかったのに、徐々に海外に出かけることは特別難しいわけでもなさそうだと実感するようになり、自分も出かけてみたい、それには資金が必要だということから、測量や引越し、家庭教師などいろんなアルバイトをして少しずつ貯金を始めたのが2年生の夏頃である。

当時の北大は、教養学部というところで最初の1年半を過ごし、その後に学部移行で専攻が決まってくる。富良野にある東京大学演習林の林長を長く務めた「どろ亀先生」こと高橋延清先生の著書『樹海に生きて——どろ亀さんと森の仲間たち』を読んで、林学科（現在は森林科学科と改名）というのが面白そうだと思い、1985年秋に進学した。その時はインドに貧乏旅行に出かけるつもりだったのだが、林学科に入ってすぐの冬に、当時の学生控室にあった黒板に「求むアルバイト・カナダの農場」というメッセージを見つけた。どうやらお金も稼げそうだし、農場なら体力勝負だろうということで連絡を取ってみたら、12月末から数カ月、助っ人として来てほしいとのこと。北大山岳部の大先輩がカナダの農場にいて、アルバイトの募集をしているらしいということがわかってきた。連絡を取った札幌にいる方は、花井さんという北大山岳部OBで、ヒマラヤの山々に何回も遠征したことがあり、カナダにいる石井さんとは一緒にネパールのダウラギリ峰にも行ったなどと話してくれた。

その当時は、ネパールはインドの北部にある国で世界最高峰のエベレストがあるところといった程度の知識しかなく、後に自分自身も青年海外協力隊で2年間も滞在することになるとは思ってもいなかった。渡航についても、当時はEメールなどもなく、カナダにいる石井さんとは、花井さんが手紙か国際電話で連絡を取っていてくれた。何はともあれ、カナダに行けそうだとわかったのが、学部生2年の11月下旬。パスポートも何もなく、クリスマス前には来てほしい！　といわれていたのでパスポートを申請することにしたが、これが結構面倒であった。当時は1ドル200円、しかもパスポート申請にあたって、旅行するだけの充分な資金があることが前提だった。私の口座にはやっと20万円くらい貯まったところだったが、どうやら申請の際には70―80万円くらい口座にないと許可が下りないということを周りから知らされた。学生にそんな大金がある訳がないのだが、「野客」の同期である日野くん（現在ブラジルに駐在中）が50万円ほどポーンと貸してくれ、一時的に口座に振り込んでもらい何とか乗り切った。そして航空券。どうやらカナダの農場はマニトバ州の州都ウィニペグから車で2時間くらいのところにあるらしいので、ウィニペグまでのチケットが必要と言われ探してみた。タイ航空がバンクーバーまで飛んでおり、乗り継いでウィニペグまで行けるとわかって予約したのだが、そのチケットの値段がほぼ20万円。つまり、貯金していた分が航空チケットに化けてしまったのだ。

出発が近づき、花井さんから石井さんへの差し入れを受け取り、「日本の本を買って来てほしい」との石井さんからのメッセージがあったので、適当な文庫本を数冊買うことにした。現地に着いてからわかったのだが、農作業で疲れた日には、文庫本ではなく、週刊誌などを読みたくなるのである。当時はそんなことにも全然気が回らなかった。海外で働くことがどんなことなのかまったく未知の世界で、今みたいにネット上でグーグルを使っていろんな情報が手に入るわけでもなく、「地球の歩き方」シリーズに入っている『アメリカへの留学』といったものを大学の本屋で立ち読みして、情報収集に努める程度だった。何よりも一番の問題は、語学。英語は高校で覚えた程度で、外国人とは留学生と日本語で話した程度のお付き合い。まだ20歳になったばかりの若造が、初めての海外、しかも厳冬のカナダに向かうのだから、この計画を後で知ることになった私の両親はかなりビックリしていたはずだ。

かくして、成田空港を出発したのはクリスマスイブの12月24日。山登りに使っていたバッーラと呼ばれる地元秀岳荘オリジナルの赤いザックを担いで出かけた。出発のタイ航空カウンターで「もしかしたら天候不良のため、目的地のバンクーバーに到着できないかもしれませんがよろしいでしょうか?」と問われたが、あまり気にせずに搭乗券を受け取った。出国のハンコを押され飛行機に乗り、隣に座ったのがアメリカ人。日本に馴染みのある方らしく、ゆっくりと英語で私に話しかけてくれたが、緊張してほとんど会話にならなかった。太平洋を横断し、そろそろカナダに到着か？　と思いきや機内放送で、バンクーバーには着陸できそうにないので、ダラスかシアトルになりそうだとの連絡が入った。本当ならばアメリカの観光ビザも取っておけば良かったのだが、後の祭り。結局シアトルに到着し、入国管理所で足止めを食らうことになった。よくよく聞くと、「乗り継ぎの飛行機が出るかもしれないので、それまでは待つように！」みたいなことを制服姿の警備員にネイティブの英語で言われた。私の他にも似たようなアジア人が数人いたが、彼らとも言葉が通じない。仕方ないので暇つぶしにチラシで折り紙を作ったらこれが結構受けたので、自分の気持ちが少し和らいだ。とにかく、受け入れ先のカナダの農場に飛行機が遅れていることを連絡しないとマズイと思い、25セントのコインを大量に両替してもらって、電話をかけたら通じてホッとしたのを思い出す。

その日は夕方になっても飛行機が飛ばず、シアトルからカナダ国境までバスで移動することになったのだが、逃亡するとでも思ったのだろうか、バスの中まで屈強な警備員が2名同行してきて、4時間強のバス旅を一緒に過ごした。彼らとはカナダ国境で別れ、バスを乗り換えてバンクーバーに着いた時にはもう真っ暗。翌朝の飛行機が飛ぶことになり、空港内で心細く一夜を過ごした。ウィニペグの空港に着いた時には、車でカナダ人の農場主と石井さんが迎えに来てくれホッとしたものだ。ただ真冬のカナダ中部は氷点下30度近く吹雪いており、農場に向かう高速道路の両脇にはスリップしたトラックや自家用車が放置されていたのにはビックリした。

かくして、初めての海外生活は、クリスマスの12月25日に始まったのだが、とにかく農場主やその家族のしゃべる英語が聞き取れないし、こちらも返事のしようがない。食事も朝昼晩を一緒に食べるのだが、会話についていけないし、日本のことを聞かれても説明できないもどかしさがいつもあった。大先輩の石井さんはさりげなく会話に入っていけるし、農作業もテキパキさばいていくので、農場主からも信頼されているのが端から見てもよくわかった。唯一、会話が成り立ったのが当時4歳だった娘のセーラちゃん。好奇心丸出しで、こちらのたどたどしい英語など関係なく、いろんなことを質問してくる。今でも覚えているのは、たまたま履いていた靴下が二股の足袋で、ケラケラ笑いながら「豚の足と一緒だ!」と指を差してお母さんに嬉しそうに話しかけていた風景である。あとで気づいたのだが、大人はこちらがわからないと別の言い方をして説明したがるのに対して、小さな子供は同じ言葉を繰り返してこちらに語りかけてくる。そうすると、単語とかが少しつかめるのである。語学習得には、子供と仲良くなるのが早道かもしれないと思ったりした。

カナダでの滞在先マニトバ州の農場
（1986 年 3 月）

仕事を終えてから、カナダ人家族と一緒に夕ご飯を食べ、居間でテレビを見たりした後は疲れて寝てしまうことが多かったのだが、石井さんと時々話し込むことがあり、実は北大山岳部のダウラギリ厳冬期登頂のメンバーで、ネパールなどヒマラヤによく遠征で出かけていたバリバリのクライマーであることを知った。そして、ネパールではこんな文字を使うんだよ！　とデバナガリーというなんとも奇妙な文字を紙に書いて教えてくれたりした。この時は、よもや2年後に青年海外協力隊でネパールに行くことになり、長野県駒ヶ根市郊外の訓練所で2カ月半の間、ネパール語の集中講義を受けることになるとはまったく予想もしていなかった。カナダに滞在していて、世の中には英語以外のいろんな言葉があり、馴染みのない文字もあり、それを習得した日本人もいるのだと、ただただ感心していただけだった。1つ心残りは、カメラを持っていっていたのに、お世話になったここの家族と一緒に1枚も写真を撮っていなかったこと。何となく自分から写真を撮ろう！　と積極的に言い出せなかったことを今も残念に思う。

2　異文化理解：日本人とは？

外国人と接する中で

「外国人」といえば、日本人のほとんどはまずアメリカ人を思い浮かべるような気がする。私の個人的な印象ではあるが、アメリカ人はとにかく「めんどくさいこと」と「むずかしいこと」が嫌いということ。この印象は、2008年からワシントンDCで3年間仕事をしていた時にさらに強くなった。めんどくさくて気むずかしいヨーロッパの階層社会（イギリスやフランス、ドイツに根強く残っている、福利厚生が充実しているオランダでも貴族出身者や王室関係者が上流階級に結構いたりする）から脱出し、新天地を目指した移民たちが作った国なので、当たり前なのかもしれない。飛躍的な進化を遂げたコンピューターネットワークにより、アメリカの社会構造はさらに単純かつ簡単になってきている（アマゾンの台頭とトイザラスなどの小売店倒産、モール街に出かけずネットショップをするのは、運んだりするのが面倒だから?)ことからも、アメリカ人気性がうかがえるはず。

海外に滞在していると、「日本人とは?」とよく外国人に聞かれる。そんな時は、歴史を紐解きながら説明するのも1つの方法であろう。昔から、禁欲的で勤勉だった日本人。江戸時代以来の教育大国で、「明治」という時代には、欧州列強諸国の植民地になることなく、富国強兵を目指し国家を自立させるために50年間、国民みんなが頑張った。明治の次の時代にやってきた大正モダニズムは、日本人にとって禁欲勤勉を考え直す「意識変化」のチャンスであったはず。しかし、東京という首都が関東大震災によって壊滅状態となり、日本人はまたせっせと働いて復興に取り組むという結果になった。そして、第二次世界大戦の敗戦により大日本帝国という国は潰えたが、日本人はまた奇跡を起こし、世界でも有数の経済大国にのし上がった。そして最近では、バブル崩壊後の「失われた20年間」がよく話題になる。小説家の浅田次郎が、「このような日本国民は果たして幸福なのだろうか?」と読者に問う場面がある。最近では、ブータンが推奨している国民総幸福量や、オランダの青少年は世界中で最も幸せだといった報道がされると、過労死や長時間労働に苦しむ一般的な日本人はどこまで幸福なのだろう? と考えたくなる。

また海外に出るとよく質問される事項に、「あなたはどの宗教を信じていますか?」といった宗教に関することがあり、ネパールに協力隊員として滞在していた際は、事あるごとに聞かれ、最初の頃はうんざりしたものだ。苦しまぎれに、自分は「仏教だけども、神道も信じる」とか、めんどくさくなると「無神教だ」などとぶっきらぼうに答えることもあった。

そして、ネパールの村に住んでいるとよく招待されたのが、アルグンなどと呼ばれる法事。そこに集まる親戚一同、電話もないのにきちんと山越えに伝言が届いて法事に集まってくる。四十九日、一回忌、三回忌などをすることによって、遠い親戚も集まってくるので各々の Social Capital(社会資本)を絶やすことなく、つながりを確固としたものにできるメリットもあるようだ。日本のお通夜や告別式とも通じるところがあると、そのうち感じるようになってきた。電気がないので、ろうそくや灯油ランプを灯しながら、「なんであんなにダラダラ長く続けるのだろう」と村にいるときは思ったが、それは遠くから歩いて数日かかる嫁ぎ先等からわざわざ実家まで来るような親戚が、いつでも気兼ねなく故人の冥福を祈れるようにという、昔からの知恵なのかもしれないと後で気がついたりした。

とは言え、2年間にわたるネパール山村での滞在中に改信したわけでもないが、チベット仏教や神道、禅、大乗小乗仏教の違いなどに興味を持つようになり、本などを読みネパール人に相談してみたりと、それなりに自分の立場を説明できるようになったと思う。

また、オランダと日本の安楽死と死生観の違いも興味深い。オランダに来る観光客の目当てが、実は合法的な大麻吸引だったり売春婦だったりと驚くことが多いが、これも他の国では違法行為で税金を取ることができない経済活動を認め、大元からきちんと税金を取り、その上で犯罪や伝染病が増えないよう地元政府等が管理している。そしてもう1つ、目立たないけど、初めて知った時にかなりショックを受けたのが、市民の多くが安楽死（もしくは尊厳死）を受け入れているという事実。安楽死は、日本での導入もかなり前からいろんな視点で検討されている。ほぼ単身で父親を介護した日々を『俺に似たひと』という著作として上梓した平川克美が、介護の問題を日経BPでの会談で述べているのだが、文化宗教的な背景の違いから、この安楽死制度の導入に関して、日本ではまだ慎重にならざるを得ないのが現状のようだ。異文化と接する上で、死の問題はどうしてもタブーになりがち。平川は、尊厳死と日本の社会的同調を取り上げ、「自主的」といいながら、裏で根回しをして尊厳死を強制することが頻発するのではないかと心配している。個人レベルの死の問題でありながら、日本の場合は社会的同調の圧力がかかる可能性が大変高いと危惧している。

ビジネスや接待におけるマナーや心得など

グローバル化の今日、同じ職場、家庭、学校で、異文化に接する生活が日常化しつつある。これまでは何気なく食べていた肉でも、宗教によってはハラルの肉しか口にしないとか、牛肉はご法度という場面にも遭遇したりする。職場の中に、例えばヒンズー教徒やイスラム教徒がいれば、パーティーの際に飲み食いする品目に注意して準備することが必要であろう。私たちがネパールで仕事をしている時に、ベジタリアンの人を招待して、野菜カレーを作ろうとした。日本のカレールーを使おうとしていたが、万が一と思って箱の裏を見ると、牛肉のエキスが入っていることがわかり、急遽取りやめたこともある。

そして、飲みニュケーション。大城太の著書である『華僑の大富豪に学ぶずるゆる最強仕事術』にも書かれているが、華僑も食事を大事にする。ポロッとこぼれる本音が聞けたり、相手も自分もガードが低くなり、特ダネにつながるキッカケが生まれる。そして共通項（最大公約数）を増やすことになる。華僑はこうやって人付き合いをしているとされるが、この時の華僑ならではのタブーも事前に調べておき、宴会などに呼ばれた際のマナーもきちんと守れるよう、普段から心がけておくべきだろう。

スポーツの世界でも、日本と西洋における個人と組織の一般的な捉え方に相違点があるこ

日本の場合：集団主義文化が強い

- 個人は基本的生活において組織の中に属している
- 個人は目的に応じて組織を変化させる
- 組織の役割は「生活の基盤」と認識されている
- 組織は個人に安心感を与える

西洋の場合：個人主義文化が強い

- 個人は基本的生活において組織から自立している
- 個人は目的に応じて組織を選ぶ
- 組織の役割は「目的を果たすための一手段」と認識されている
- 組織は個人に緊張感を与える

とから、早稲田大学のラグビー部監督をした中竹竜二がその著書『リーダーシップからフォロワーシップへ』で次のようにまとめている。

日本でよくありがちなのは、会社で上司が帰るまでなんとなく帰れないといった風土（集団主義）や、集団の中で他との行動を同じくすることが安心を生み出す（安心感）といった傾向である。このことは、日本では個人の意思や都合が、組織に完全に負けている証拠でもある。一方、欧米諸国では、組織は「個が単体では達成できない目的やテーマのため」に存在するものと考えられており、自分1人で目的を達成できるのであれば組織やサークルに属することはない。中竹は、ラグビーの世界でも然りとし、日本とイギリスでの自らの経験を踏まえて、練習への取り組み方などの相違点を踏まえた上で、リーダーシップ論とフォロワーの役割について述べている。

また、国際社会で日本人がどのように見られているかを示す一例として、次のようなことを以前言われて、残念ながらなるほどとうなずいたことがあった。それは、国際会議の名司会者の大事な役割についてであり、彼（彼女）が気をつけなければならないことに、「いかにインド人に短くしゃべらせ、日本人に口を開いてもらうか」があるという。この2つができれば、どんな会議も合意に至ると冗談半分に囁かれていた。なんだか日本人から見たら損な役割で自虐的だが、実際、日本政府を代表する方は、多くの国際会議で余計なことをほとんど発言しないし、その場で判断せず、本国に持ち帰るケースがよく見られる。その点、欧米の開発援助機関は、例えば〝出版に必要な翻訳者にかかる少額の費用を出す〟と判断して会合を優位に持ち込むようなことを時々行う。それは、そこに出席している発言者に権限が移譲されているからである。

このような状況を鑑み、異文化に今後向き合うことになる日本人には次のような要素が必要となってくる。

• 欧米諸国のみならず、開発途上国や中進国を含む他国の人々に尊敬され、異文化でも使命を全うできる人材になるために欠かせないノウハウを身につける。

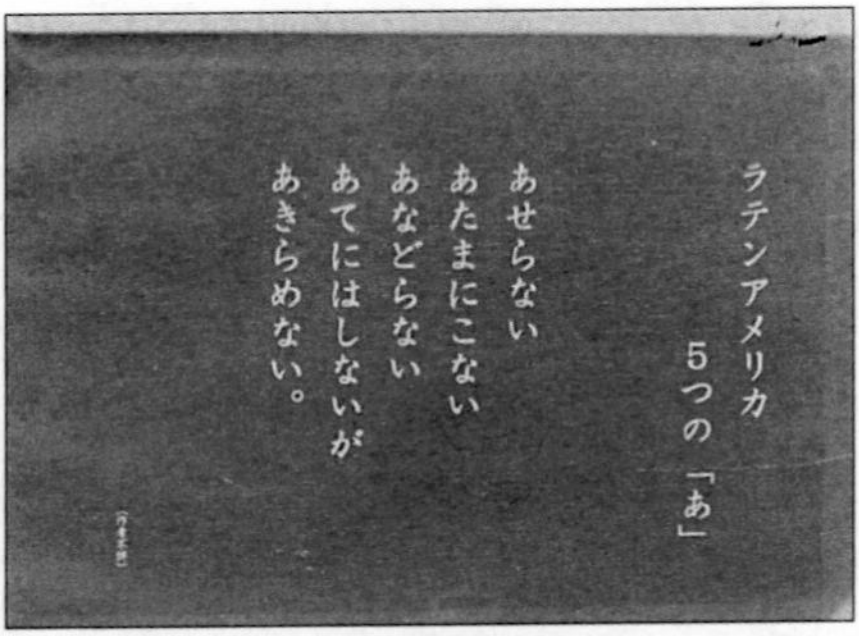
ラテンアメリカ　5つの「あ」
あせらない
あたまにこない
あなどらない
あてにはしないが
あきらめない。

NHK サンパウロ支局に伝わるとされる“5 つのあ”

- これからの社会において、単に語学力があるとか専門性が高い、地頭がいいというだけでなく、異文化理解に通じており、変わりゆく環境に適応できる力と相手の求めることを洞察する力を身につけた人材がより求められてくる。
- 信頼関係の構築の仕方が各々の国で違うということを認識した上で、日本人は異文化では空気が読めない（KY）になりやすいと自覚すること。そして、日本の良い伝統と悪い伝統も前もって自分なりに見極めておき、会議等の場で他の人にきちんと伝えるように努める（コラム2参照）。

ラテンアメリカの5つの「あ」には、自分もよく励まされた。これは、ペルーにNHKから派遣されていたJICA個別専門家が日本に帰国する際に、我々に

コラム2 COLUMN 小澤征爾と師匠 斎藤秀雄

オーケストラの指揮者は，いろんな国籍の演奏者をまとめる，まるで多国籍企業のCEOみたいなものではないだろうか。村上春樹との対談で，小澤征爾はグスタフ・マーラーの音楽をめぐって「斎藤（秀雄）先生が昔，僕らに良いことを言ってくれました。お前たちは今が白紙の状態だ。だからよその国に行ったら，そこの伝統をうまく吸収するだろう。しかし伝統といっても，そこには良い伝統と悪い伝統がある。ドイツにも，フランスにもイタリアにもある。アメリカだってこの頃は良い伝統と悪い伝統ができてきた。それをしっかり見極めて，その国に行ったら，そこの良い伝統だけを取り入れなさい。もしそれができたら，日本人だって，アジア人だって，ちゃんと分があるぞ，と」。

（村上春樹・小澤征爾，2011）

送ってくれた言葉である。また、中国とのタフな交渉では「4あ精神」と呼ばれている。『アジアビジネスの成功の道』の著者である平沢健一は、4つの「あ」である「焦らず、慌てず、侮らず、諦めず」の貫徹が重要であると、自らの中国での駐在を踏まえて述べている。中国では、論理的に打ち負かしたとしても、相手を打ち負かさない配慮も重要とされており、交渉途中でも中国と中国人の実情を知ることを心がけるようにしたほうが良いとしている。それにより、交渉が進めやすくなる。ラテンアメリカではそこに、もう1つの「あ」が付け加わるのである。

それが「あてにせず」。マナーニャ（明日ね）の世界では、平気で2時間ぐらい遅れて会議が始まる世界。このくらい余裕がないと仕事は進まないのだなあと、ペルーで政府相手に仕事をしながら肝に命じたことを思い出す。また、その昔、協力隊でネパールの現場に入った時は、最初からトライ&エラーの繰り返しばかりで、手っ取り早くうまくいくことは簡単にはないのだろうと勝手に考えていたものだ。

3　異文化交流：主夫時代や語学習得

配偶者としてのメキシコ滞在

最近でこそ、イクメン（育児をする男性）などと呼ばれて話題に上るが、私も家事や育児をする主夫であった時期が3回ほどある。子供が生まれる前のメキシコ滞在時、そして次の2回はオランダ滞在時で、この時は子育てをするイクメンだった。

メキシコにいた時（1995年5月から1997年4月）は妻の配偶者扱いで、妻が国連高等難民弁務官事務所（UNHCR）のJPO（オランダ政府派遣）として、メキシコ南東部・ユカタン半島のキンタナロー州にあるグアテマラ難民キャンプで2年間働くことになった。正直なところ、結婚したばかりで妻の仕事について行くことは不安ばかりだった。東京で仕事をしていて、JICA技術協力プロジェクトの業務調整員になるという話も具体的にだいぶ進んでいた。しかし配偶者とはいえ、スペイン語圏に長期滞在するという魅力もあったし、何よりも国連の仕事を間近に見れるまたとないチャンスだと思う気持ちが強かった。そしてオランダ政府からの通知で妻の所属先が、緒方貞子さん（後のJICA理事長）がトップのUNHCRで、メキシコにあるグアテマラ難民キャンプへの配属が決まった時は、自分のキャリアも大事だけど今回は妻を優先させようという気になっていた。

その当時、Qualified banana（審査に合格したバナナ）と呼ばれた男性3人がキンタナロー州の州都チェトマルにいた。イギリス人パイロットのジェリー、カフェ経営で森林コンサルタントのアルゼンチン人ウーゴ、そして私。共通していたのは、男性で定職がないこと。朝イチにカフェに集まってよもやま話をする仲間だった。コーヒーを飲みながら、スペイン語に時々英語を交えて過ごすこの何気ない時間から学んだことは結構あった。3人とも、学位もあって職歴も豊富（私が一番少なかったのだが）だけど、定職についていない。「なぜかQualified bananaだねえ」とお互いに呼び合うようになっていた。このカフェにはいろんな人が立ち寄り、少しずつ顔見知りが増えたのも事実。その1人が建築家のイノチェンテさん。日本語に訳すと、私と同じ「正」なのである。その縁もあってか仲良くなり、実は日本語を教えてほしいから先生になってくれないか？　と頼まれた。その代わりスペイン語も教えるから、という条件だったと思う。当時はインターネットもなく、日本語の教材も限られていた。その中で使ったのが、ＪＩＣＡ研修員向けの簡易会話手帳。あとは常用漢字を少しずつ教えたり、マリエッタがここに来る前の日本滞在時に使用していた外国人向けの英語教材（アルクとか講談社インターナショナル出版物）も使ったりした。自分でもこの時が初めてだったのだが、母国語を他人に教えるのは容易でないと実感した。自分ではなんとなく身についている「てにをは」、特に主語の後ろに来る「が」と「は」はどうして違うのか？と聞かれた時には、お手上げであった。今なら「スマートフォンでちょっと見るから！」と言って、その場で対応できるのかもしれない。

オランダの育児（託児所、育児休暇、ジェンダー、情操教育）

オランダの時は妻が仕事をし、私が家事、炊事、洗濯、子育てなどをしていた。最初は、長男が生まれて1年経った頃からおよそ2年間、ネパールでのＪＩＣＡ長期専門家の仕事を終えて、オランダで新しい生活を始めた頃である。そして2回目は、２００５年にＦＡＯの契約が終わり、ローマからオランダに引っ越した時で、すでに長男も次男も小学校に通っていた時期である。

つらくて面倒でめげそうだったのは、やはり最初にイクメンをやった時である（コラム3参照）。自分の時間が計画して取れない（子育ては時間通りに進まない、夜泣きしたら起きなければいけないし、予防接種をしたのに発熱したら保育園に預けられない等）。それに当時は、Line や WhatsApp などがなく、今でいうママ友みたいなつながりもなかったので、日本語や日本人と話すことに大変飢えていた。自分の両親を介護している方の日誌（松浦晋也の「介護生活敗戦記」[2]など）でも触れられていることだが、節目節目に息抜きをきちんとできるかどうかで、へこたれずに育児に立ち向かえるかが変わってくる。

オランダに住んで子育てをして気づいたことがいくつかある。1つは、男性が主夫をしていても特に珍しがられないこと。夫も妻も共働きしている家族が多く、週3日もしくは4日勤務というパートタイマー的な雇用形態が可能なことから、それぞれが平日に休む日に、育児を担当することも普通にこなしている。夫が火曜日、妻が木曜日というように決めて、それ以外の平日3日間は保育所に預けていたりする。乳母車を押して散歩に出かける男性もごくごく普通の光景だったりする。

もう1つは、保育園の充実ぶり。妊娠がわかった段階で、地元保育園に登録しないと間に

コラム3 COLUMN 松田道雄の『育児の百科』

乳幼児の育児は，特に3歳までは本当に大変だと思ったが，この時に支えになったのが，1冊の本と，在オランダの日本人グループ（主に女性）だった。その本とは，『育児の百科』。1967年に出版されて以来，根強い人気を誇り，子育ての定番といえばそれまでだが，悩んだ時にはこの本をよく開いたものだ。書評にも次のようなことが書かれている。

「時代が変わったという認識をまず持たないといけない。出産で男が仕事を休むなどとは，という古い世代の軽蔑に耐えるには，この認識が必要だ。以前は出産も育児も女たちだけでできるような家族体制であったが，現代のように若い夫婦だけで家族を作っていて，一方が動けなくなったら残っているほうが手伝うしかない。出産のために妻を病院に届けたら夫は即主夫にならねばならない。日常生活のあるじには，労力も知力もいることをそこであらためて知るであろう。」

実はこの本を紹介してくれたのが，ネパールで働いていた時のプロジェクト業務調整員だったAさん。仕事もしっかりこなすが家事も手を抜かず，手料理もバッチリという子育てでは先輩だった彼が教えてくれた本。本当に感謝の気持ちでいっぱいである。

合わないなど、需要は相変わらず高く、費用もかなり高い（当時、子供2人を週に2日間預けて月に450ユーロ・約6万円）。低所得家族の場合は、税金面で優遇されるし、朝8時から夜6時まで預かってくれるので、仕事をしていても迎えに行くのになんとか間に合う。また、外国人向けのオランダ語コースに通っていた時は、近くに保育園があり、そこが無料で預かってくれた。ただ、コースが半日だったこともあり、この保育園に預けた時には、なかなか子供が馴染んでくれず、私が去ろうとすると泣き始めたりして、最初の頃はだいぶ苦労した。

2回目に主夫をした時は、子供たちが通学していたので、送り迎えで学校まで一緒に自転車で出かけていた。学校が終わる時間が大体午後3時ごろで、教室から出てくる子供たちを待つ親が校庭にたむろするのだが、男性も結構来ていて、そのうち知り合いになったりする。子供たちは放課後に誰かの家に一緒に出かけて遊びたがることが多く、よく遊ぶ仲間の親とはこちらも自然と仲良くなる。そのうち家族付き合いするようになったりすると、父親でも子育てに関わるオランダ人夫婦と、まったくそうでない夫婦がいたりすることに気づいた。オランダ人男性も、みんながイクメンパパではないのである。それでも全般的に、オランダ人男性は家事・炊事・洗濯等を結構こなしているし、マメである。これは、欧米諸国でも一般的に言えることだろう。

開発途上国で雇うお手伝いさん

開発途上国で働いていると、駐在員でも地元の上流社会でも、ヘルパーを雇うことが常習化している。ワシントンDCで仕事をしていた時は、ナニーと呼ばれる住み込みのベビーシッターをわざわざ自国から呼び寄せていたペルーの家族もいた。彼女らのためのビザも別枠であり、アメリカで働くことを夢見る中南米の人にとってもありがたい制度である。こうなると、「主夫」と言っても周りのことはほとんどヘルパーやメイドさんがやってくれることになるので、自由時間が多く持てるようになる。これも経済格差ゆえ、先進国の我々が享受できる特権のようなものなのかもしれない。同じようなことをオランダ等の先進国でもすれば、「イクメン」のお役目から晴れて（？）解放されるのだが、実際問題として、経済的にかなりハードルが高い。

仕事以外での異文化交流：子供のスポーツ活動を通じて

オランダに来るまでは、ほとんどサッカーと縁がない生活をしていた。私たちが幼少の頃といえば野球全盛期で、放課後に校庭で対抗試合をしたり、ひいきのプロ野球球団で引け目を感じた（札幌にいた時は阪急阪神ファンだった）という思い出がある。ところが海外に滞在すると、サッカーファンが圧倒的に多いことに気付き始めた。特にヨーロッパや中南米諸国ではプロリーグが盛んで、ワールドカップでも常勝軍団の国（ブラジルやドイツ等）が国際試合をする場合には国中をあげて熱狂する。長男も次男もいろんな国（オランダ、アメリカ合衆国、そしてペルー）でサッカークラブに所属したが、送り迎えかたまに線審をする程度で、どちらかといえば消極的に参加していた。

２０１４年6月にペルーからオランダに戻ってきた時、次男はすでにテニスに夢中になっていたが、長男は昔所属していた地元のサッカークラブに戻りたいというので、手続きを夏休みの前に済ませて楽観的に過ごしていた。シーズン前の8月下旬にチーム編成がクラブから通知され、その集会に他の親と出かけてみたら、「練習のトレーナーは見つかっているが、試合などに一緒に出かけるコーチをやる人がいない」という。前年までコーチをやっていたという人は「もうかれこれ8年ほど、自分の息子の所属するチームのコーチを引き受けてきたので今年は勘弁してほしい」という。コーチもトレーナーも無給のボランティア。コーチが見つかるまでは週末の試合もできないとクラブの担当者に言われ、それでは子供たちが可哀想だと思ったのが運の尽き。気が付いたら、15―16歳という思春期で反抗期の難しい年代のオランダの男の子たち14名のチームを1年間引き受けることになっていた。

それからが大変。トレーナーが平日夜に行うトレーニングを見学して、プレーヤーの名前とクセを覚えるとともに、サッカーの基本ルール（オフサイドなど）を日本語のウェブサイトを見ながら確認した。しかしながら付け焼き刃であることが、本番の試合中にバレてしまう。前半後半延べ90分の試合で一番つらかったのが、相手チームからえげつないオランダ語で野次られることであった。そして、こちらの采配ミスや選手交代で戸惑っていると、後ろで観戦している自分のチームの親や家族（選手の兄弟や祖父母も含む）から冷たい視線を浴びることになる。

この時のチームは、トルコやモロッコ、イランからの移民系オランダ人が半分近くいた。彼らはサッカーが大好きだし技術もあるのだが、どうしても短気で喧嘩っ早い。相手チームがオランダの白人系選手だけのチームだったりすると、人種差別のような侮辱するような言葉を浴びることもあり、彼らはどうしても試合中にいらついてしまう。こういう選手を上手になだめたいと思うのだが、いかんせん自分のオランダ語には限界がある。ユーモアでも交えて笑わせることができたらどんなに楽だったかと今さらながら思う。こんな試合で負けてロッカールームで反省会をするときには、コーチをやったことのある父親にお願いしてその場を仕切ってもらうことにしていた。そして、学校や家庭でも嫌なことがあるだろうと思われる子供たちに、せめてサッカーだけは毎回楽しんでもらいたいとの気持ちで、1年間コーチを続けた。途中で辞めた子もいたが、シーズン最後の6月ごろにはみんな一皮剝けて少し成長した感じがしたものだ。今でも道端や街中で見かけると、向こうから声を掛けてくれたりする。いろいろ大変だったけど、今となっては良い思い出である。

仕事以外での異文化交流：オランダ語補習校

3年間滞在したワシントンDCでは、平日の仕事が忙しく、子供の送り迎えや放課後の行事等にはあまり積極的に参加できなかったが、週末にはサッカーの試合に加えて、毎週土曜日午前中にオランダ語補習校への送り迎えがあった。補習校といえば、日本語のクラスも妻と一緒に検討したが、長男も次男も話すことはできても、小学校レベルの読み書きがすでに難しくなっていたことや宿題が多くあるなどのことを考えると難しいと判断して、オランダ語の方にすることにした。オランダ出身の子供たちが通うこじんまりとした補習校で、通い始めた2008年11月には生徒数が50名ほど（その後、生徒数が年々増えていく）で、アットホームな雰囲気が気に入った。

その当時の長男と次男は、地元公立小学校で英語の習得に苦戦しており、ここに来るとホッとするのか毎週通うことを楽しみにしていた。またアメリカ育ちの子供も半分近くおり、オランダ語のネイティブとして少し優越感も味わっていたようだ。オランダ政府からの補助金を受け、有志が経営しているということで私もその運営に関わらないか？ と誘われたのは、オランダの子供が楽しみにしているシンタクラースという12月上旬に行われるお祭りの準備を手伝っていた頃だった。補習校は毎年、会計報告が義務づけられており、会計委員会のメンバーが3名必要で、私もメンバーにならないか？ とやんわりと告げられ、ちょっと迷ったもののマリエッタに相談したら、「いいことだと思う」と言われ、二つ返事で引き受けることにした。

それから3年近く、四半期報告書に目を通し、補習校の運営にも関わるという貴重な経験をさせてもらった。先生の確保や校舎の借り上げ交渉、お祭りやチャリティーバザールの準備、夫婦のどちらかがアメリカ人の家庭でのオランダ語習得の悩みなど、補習校での交流を通じて子供の教育の難しさと楽しみを学べた3年間だった。この時に思ったことは、オランダ語を習得しておいて本当に良かったということである。「国連公用語でもないマイナーな言語を学んで将来何の役に立つのか？」とか、「オランダでは英語でも生活に支障がほとんどないではないか？」といった自問自答をしたこともあったが、アメリカのオランダ社会に溶け込み、議論をガンガン進めることができ、補習校が終わった後に一緒にご飯を食べたり子供たちを一緒に遊ばせたりという家族ぐるみの楽しいお付き合いを続けることができたのも、オランダ語のおかげかもしれない。

日本語をオランダ人大学生に教える

２００７年10月からおよそ1年間だけだが、ユトレヒト大学の語学施設であるJames Boswell Institute（ＪＢＩ）で大学生を対象に日本語初級コースを受け持ったことがある。私一人では心細かったこともあり、一緒にオランダ語コースに通ったことのある赤坂さんにも手伝ってもらうことにした。事の成り行きは、長男のクラスの友達の母がＪＢＩに勤めており、「日本語の教師を探しているから誰か知らないか？」と聞かれたのがきっかけ。当初は在ユトレヒトの日本人に頼もうかと軽く考えていたのだが、時間（夕方5時半から）や語学（オランダ語ができるのが望ましい）等の制約があり人探しに難航し、結局、私が赤坂さんとコンビでやるという条件で始めたのだった。

私自身、日本語教師の資格もなく、赤坂さんのように以前オランダで日本語を教えた経験があるわけでもない。強いて言えば、メキシコに滞在していた際にスペイン語を教えてもらう代わりに日本語を教えるという条件で、地元出身の建築家であるイノチェンテさんに毎週1回、カフェで1時間ほど日本語の基礎を教えた程度のレベル。10月にコースを担当するにあたって不安いっぱいでならなかった。

学生のほとんどがユトレヒト大学に通学しており、修士課程の生徒も数名混じっていた。日本語を習おうとしたきっかけは多彩で、漫画とかJポップ、囲碁、剣術、空手といった日本の文化や音楽、スポーツであるパターンが多かったのだが、日本に旅行に行ったとか、JETプログラム（交換留学生）に参加したい、この秋から日本の大学に数カ月研修に行く予定といった動機で参加する学生も3割近くいた。

難航したのは教材探し。今のようにネットで使える教材が少なく、JBIが用意していてくれた『みんなの日本語』は確かに使いやすいが、ひらがなやカタカナをすでに勉強しているることが前提になっていてハードルが高かった。かたや、ビジネスマン向けの英語で書かれた教材は確かに会話を勉強するのにはいいのだが、JBIで勉強する学生には読み書きも必要との見解から、副教材として使おうということになり、結局マリエッタが15年前に日本に滞在して日本語を勉強した時に使った「楽しい日本語」を中心に授業をすることにした。一学期は10週間と短めだったが、途中に簡単な試験も行い、最終日にはテーマを与えて日本語でプレゼンするような内容にした。これが意外と好評で、生徒の励みにもなったようだ。その後には「ひらがなビンゴ」を行い、教室で時間の許す限り飲み食いをして生徒から貴重なフィードバックを受けることになった。教えることもなかなかいい勉強になると思った10週間だった。その後、アメリカに引っ越すまでの1年間、初級者と中級者のクラスを受け持ち、毎回10名ほどの生徒に日本語を教えて、できる限り日本の文化も伝えようと努力した。この時の生徒とは今でも連絡が取れており、彼らが日本に観光旅行で出かけた時の思い出とかを聞かせてもらっている。

青年海外協力隊ネパール会と2015年の大地震

ネパールに行ったことのある人なら聞いたことがある言葉に「ネパキチ」というのがある。古くはヒマラヤ登山隊に始まり、私が協力隊員としてネパールに滞在していた頃から使われていた。ネパールが大好きになって、何かにつけてネパールに戻ってくる人たちのことをちょっと茶化して使っていた言葉だと個人的に解釈している。その「ネパキチ」たちが集っている1つが青年海外協力隊ネパール会というグループで、1988年にボランティアOB・OGおよびその他関係者たちで結成され、1991年には派遣20周年を記念して、記念誌も発行したり、毎年秋に首都圏で開催されるグローバルフェスタに参加したり、在日ネパール人の支援（通訳や教育施設の立ち上げ等）をしたりと、幅広く地道に活動を続けている。そして、2015年4月に発生した大地震の被害状況や復興状況を共有することを目的に、報告書「2015年ネパール大震災復興にむけて：ネパールでの被災経験と支援活動から」をまとめた。4月25日の地震発生を受け、青年海外協力隊ネパール会会長の田中浩平さんを中心に、ネパール会有志による「復興支援チーム」の結成が同年6月に呼びかけられて、私もすぐに賛同した。その時の主旨は、次の4つである。

1. 情報の収集と共有：Eメールを活用した現地からの発信情報や日本における報告会情報等の共有
2. 募金活動への協力：会員が従事しているNGO／NPOによる募金活動の紹介
3. 支援活動報告会への協力
4. 復興支援へつなげる

その時のメンバーは多彩で、ネパールから帰国後もネパール国内外で国際支援を行うJICA職員や専門家、NGO職員、大学等の研究者、また地域社会で暮らしつつ現場での復興支援活動に直接関わった人、会社等に所属しながらも間接的につながりを持つ人など、40名以上にわたった。それぞれの活動や支援は、①地震発生時の状況、②震災直後の援助活動、そして③現在も続く取り組みの3部作として記録され、2018年春にその記録集が完成した。当時のJICAネパール事務所長だった清水勉はネパール隊員OBでもあり、その当日「ネパールの揺れた日」の混乱と迅速な対応についての報告のみならず、現在も続く取り組みとして「JICAによる現在も継続している活動」についても投稿している。また、災害直後から現地に乗り込んで緊急人道支援や避難キャンプで奮闘したOB・OGの活躍ぶりが伝わってくる。

この記録書は非売品なので入手しづらいのだが、ネパールという異文化の中で、地震という緊急事態に日本人がどうやって支援できるのか、また長期的に付き合っていけるのかという具体的な事例を知ることができる（ホームページからダウンロード可能）[3]。隊員として異文化を体験した2年なり3年間がベースになり、各々が自分のできる範囲で支援をするというさりげないアプローチかもしれないが、ネパールという国を理解していないとできないことである。得てして自己満足のために相手国に協力するという結果になりがちなのだが、2015年4月に発生したネパール大地震への対応は、「ネパキチ」たちという国際協力の強者たちが取り組んだこともあり、見事だったとしか言いようがない。この報告書に、私もオランダでの支援についてまとめたものを載せてもらった（後述）のだが、出来上がってきたドラフト版を読んだ時は、こんなに多くのOB・OGが派遣時期や赴任先を問わずに、公私ともに個人もしくは団体を通じてそれぞれの身の丈に合わせて、ネパールの復興支援活動に関わっているのだとビックリするとともに感激した。そこには、青年海外協力隊ネパール会の底力と、地元に根付いて信頼関係を築き上げたからこそ成せるさまざまな活動が見えたのだった。

語学取得を目指す

異文化の環境下で仕事を進める上で欠かせないことの1つに語学がある。ロシア語の同時通訳などで活躍した米原万里の著書でも言明されていることだが、言葉がわからないと最低限のことしかわからないし、ニュアンスや行間を読み取ることができない。もちろんロシア語ができないと貴重な情報取得はできない。そして、語学を取得することによって、インテリジェンスを高めることができると『「知」の読書術』などの著書で知られる佐藤優は力説する。ところが、多くの日本人は、佐藤優が掲げるインテリジェンスに価値をあまり見出していない。語学を習得することにより、その国や地域のインテリジェンスを高めることができるという大きなメリットがあることを再認識してもいいのではないだろうか。

かくいう私も、若い時の方が語学習得能力は高かったと今さらながら思いつつ老体に鞭を打って、ここ3年ほどロシア語に取り組んでいる。2015年秋から、中央アジアのキルギス共和国で4年間の予定でＪＩＣＡ技術協力プロジェクトに携わっているためだ。50歳を過ぎてから新しい言語（ロシア語）を習得しようとしているが、とにかく覚えた単語が左から右に抜けてしまい、忘れてしまう。キルギス共和国での仕事もすでに4年目になってきたが、最近ようやく会話の一部がわかるようになってきて少し嬉しい。とはいえ、ロシア語で情報収拾ができるようになるレベルに達するまでは、まだしばらくかかりそうである。

英語偏重を憂うも仕方なし？（欧米語でないネパール語との出会い等）

日本人には英語は習得しづらい言語だとつくづく思う。西欧諸国の言語で、文法も文字も語源もまったく異なる。ヨーロッパの人々、特に小国のオランダやスイスなどは多言語で、幼少の頃から母国語以外に接する機会が多い（テレビの字幕スーパー、ラジオやネットでの音楽、身近な海外旅行先等）。そして、6つの正式な国連語のうち、3つが西欧系（英語、フランス語、スペイン語・ラテン語かギリシア語をルーツに持つ）で、西欧諸国や旧植民地でエリート教育を受けた上層社会の人々に有利な構成になっている。一方、アラビア語やロシア語、中国語を第二、第三外国語にしている国連の職員はあまり見たことがない。数カ国語に長けていて最初はすごいなあと思って敬意の念を持ったが、よくよく考えてみれば、ドイツ人が英語とフランス語をこなすとか、西アフリカ出身のエリートがフランス語と英語、そして自分の母国語（ハウザ語とか）を仕事できちんと使えるので、国際機関等の応募資格は十分にクリアーできる。イギリスやアメリカ出身の人は、言語のセンスがないのと、かわいそうなことに英語がどこでも通じることに甘えがちだから、英語を母国語とする人で、他の国連共通語をしゃべる人を見つけたら、珍しいと思ってもいいくらいであろう。日本人はそういう意味で、語学習得に対して劣等感を抱きがちだが、別に西洋系言語だけが開発援助の現場で求められているのではないと開き直っても構わないと思う。

確かに、現在の義務教育では、英語を第一外国語として習得することが求められているが、近隣諸国の言語でもまったく構わないと思う。世界のほぼ25％の人口を占める中国やインドの言語（北京語、ヒンドゥー語等）や、日本海を挟んで向かい側に位置する韓国やロシアの言語の方が、今後役に立つはずだ。グローバル化が進む現在、英語はビジネス社会を中心に東南アジア等でもデファクトの共通語としてその位置を高めてきているので、避けては通れないのだが、第二外国語の位置付けで、これからより身近になるであろう日本近隣諸国の言語を若いうちから学ぶことをもう少し真剣に考えてもいいと思う。

なぜならば、私も英語は受験のために勉強していたし、大学に入ってからはフランス語を第二外国語として選択したが、ほとんど身につかなかった。ところが、青年海外協力隊に合格し、派遣予定先がネパールとなったことから、まったく縁のなかったネパール語を学ぶことになり、「目から鱗」的な体験をすることになる。デバナガリーというサンスクリット語を起源とするまったく別の文字を習うとともに、2人の専属講師（シェルパ先生とサヤミ先生）の手厚く知見に富んだ教授法によるところも大きいのだが、訓練所での3カ月の集中講義を終えた頃には、基本的な会話がなんとか成り立つようになって、読み書きも少しできるようになっていたのである。その時は、若さに任せて訓練所の仲間が頑張る環境のもと、切磋琢磨したからだろうと単純に思っていたが、同じ3カ月を暮らした隊員候補生でもその上達度に違いがあったことに後で気づくことになる。その中で、スペイン語グループの上達度の速さが目立っていた。読み書きはローマ字なので特に新しい文字を習うというハンディがない上に、ラテン系のノリの良さ、そして、訓練所終了後、現地諸国に派遣される前にメキシコで共同語学訓練を1カ月弱するというまとまり感があり、老若男女問わず、メキメキとスペイン語を習得していった。

ネパール語は、実は西欧語と違って文法が日本人に馴染みやすいという利点がある。SVOではなくSOVとなり、動詞が文の最後にくること、ハイ・イイエという文の肯定や否定も文章の最後で決めることができる点が、日本語とよく似ているのである。村に住んでいた時に出会ったイギリスの女性ボランティア（VSO）が、「ネパール語は難しい、教科書の文法もわからない」と嘆いていたことを後になって思い出した。日本人はネパール語で話そうと思った時に、日本語からネパール語に単語を変換しつつ、語順に関してはさほど気を使わなくても、こちらの意思を伝えることができるのだが、英語圏の人は、語順も気にしつつ、話す内容を瞬時にネパール語に変換しないといけないという面倒な工程を踏まなければならないのである。実は、このことは、我々が英語でしゃべろうとしたり文章を書こうとした時に、なんとなくこなしているのだが、実はかなり厄介なことなのである。また、日本語は、

隊員時代の同僚２名・スルバハドール（中央）とアキル（右）
プロジェクトの本部・ガンドルック村にて（1988 年 12 月）

私やあなたなどの主語を使わなくても、文章の内容などから誰がしゃべっているのかを想像できるし、スペイン語も、主語なしでも動詞の活用から、私なのか私たちなのかが区別できるので、その曖昧さが我々日本人にとっては使い勝手が良いといえよう。ところが、英語は主語が最初に来るし、肯定か否定かも文章の最初のうちに決めていかないといけないので、日本人がよく使う次のような芸当はほとんどできない。例えば、話し始めて、相手の様子を見ながら、反対しているように見せて、実は賛成（二重否定を使う）といった主張をすることである。ネパール語もこれに近い使い方が可能で、結構便利なのである。

ネパール語習得に向けて

そのメニューはまさに詰め込み式で、中学生が3年間で学習する英語のコースを3カ月間でこなすくらいの濃縮度とさえ言われている。費用もバカにならず、1988年当時で、1人当たり200万円前後かかっていたと言われる。ここに目をつけていたのかどうか知らないが、語学訓練を受けた後に、派遣先に行くことを辞退した人がいた（スペイン語クラス）。その理由は定かではないが、駅前留学とか、夏休み語学集中講座と呼ばれる語学コースと比べたら、JOCV訓練所での習得メニューは厳しく洗練された内容だったと今でも思う。

現在の隊員たちは、訓練所に入る前にすでにオンラインでのコース等を紹介され、事前学習が義務づけられ、その分、訓練所での語学習得の時間が短縮されている（経費削減等の理由と思われる）が、キルギスで会った隊員たちは、キルギス語をだいぶ習得してから現地に赴任してきており、伝統は継続されていると思われる。そのメニューは次の通り。

• 2017年第1次隊の週間メニュー（キルギス語）

「訓練所案内」によると、訓練所ではこんな1日が最近の日程となっている。

5：30　早朝学習、身辺整理、運動

6：30　朝の集い
7：20　朝食（食器洗いは当番制）
8：45　語学の講義（50分の授業が3回。各言語ごとにクラスが分かれている）
11：40　昼食
13：00　国際協力関連の講義（50分の授業が4回程度・JICA専門家や大学教授等）
17：00　各種会合やオリエンテーション等
17：45　夕食（食器洗い、当番制）
17：00～22：20　入浴可能
19：00　自主学習や自主講座、身辺整理等
22：30　点呼・就寝
23：00　消灯

このメニューは、私たちが1988年にネパール語を習った時とほぼ同じである。とにかく夕食まではいろんな講義が目白押しで、夕食後から消灯まではネパール語の予習や復習にそのほとんどを費やした。いまでも思うのだが、この時期くらい集中して1つの語学にドッ

プリと浸かったことで、語学習得の基礎作りができていた。もちろん、自習の時も周りがきちんと勉強していてその刺激を受けたことや、2名のネパール人講師の献身的な指導ぶりにもよる。

3カ月弱の語学訓練期間におけるハイライトは、1泊2日の小旅行で、確かネパール語に取り組み始めてから45日くらい経った時だと思う。電車で駒ヶ根から名古屋まで移動したのだが、日本語使用は厳禁、すべてネパール語。そして名古屋ではネパール料理屋へ夕食時に出かけ、ネパール人従業員と話すことが必須だったのである。朝起きてから寝るまで、とにかくネパール語漬け。何をしゃべっていたのかあまり覚えていないのだが、必死だったこともあり、この旅行を終えて訓練所に戻った時には、何か一皮むけた気分になっていた。それは、語学アレルギーを克服したような感じだったかもしれない。「やればできる」という妙な自信もついていた。

また、この訓練所滞在を通じて、異文化理解や異文化交流に関するプロの方から直接話を聞いたり(「風の学校」の中田正一等)、名著(中根千枝の『タテ社会の人間関係』や川喜田二郎の『野外科学の方法』等)を読みながら、語学習得の重要さを身にしみて感じることができたのも大きな収穫であった。

スペイン語に取り組んだ理由

日本人は、語学の習得に費やす時間とお金は他の国民に比べたらかなり突出しているのではないかと思う。一時期は駅前留学と称して英語コースの学校が乱立していたし、最近では英語のネイティブの先生が国内の中学校等で教えていることも珍しくない（国費でわざわざ派遣してもらっている）。その割には、第二外国語の習得への関心は低い。日本は島国で、周辺には、北はロシアから、中国、韓国、そして東南アジアの国々が位置しており、それぞれが自国語を確立している。ところが、日本の義務教育ではこれらの国の言葉に接する機会がほとんどない。ヨーロッパの小国であるオランダは、国境が陸続きであり、歴史的な経緯からも中学校に入ると他言語を学ぶようになる。大学進学コース（ギムナシウム）では、ラテン語やギリシア語などヨーロッパ古典語の習得が義務づけられており、マリエッタは、中高一貫の6年間で、4つの言語（ラテン語、ギリシア語、フランス語そして英語）を学習している。

前述の通り、私は大学を卒業してすぐに協力隊でネパールに行くことになり、長野県の駒ヶ根訓練所における集中訓練でネパール語の基礎を学ぶことができた。これがその後の語学習得への大きな自信となっている。隊員時代は英語も片言の会話しかできず、報告書作成もしどろもどろになってタイプライターを使っていた。ただ、ネパールの赴任地で偶然お会いした山形洋一さんに「将来、国際機関に就職しようと思ったら、6つある国連公用語のうち2つは使いこなせるようになっておいたほうがいい」と言われたことが頭の隅に残っていた。山形さんは、英語のみならず、スペイン語とフランス語でそれぞれ開発援助の現場に携わっており、その生々しい話を聞かせてもらったのが、その後スペイン語を学ぶきっかけとなった。

スペイン語ではなくフランス語を選ばなかった理由の1つが、同じ駒ヶ根訓練所での語学グループを観察していたことにある。北アフリカのチュニジアやモロッコに派遣されるグループはフランス語を、ホンジュラスやコスタリカ、ドミニカ共和国といった中米に派遣されるグループはスペイン語を学ぶことになっていたのだが、どう見てもフランス語グループの方が苦しんでいた。訓練所では毎週木曜日が日本語禁止デーになっていて、私たちもネパール語だけで1日を過ごしたのだが、スペイン語グループは和気藹々と過ごしていて賑やかだったのを覚えている。また、しばらくしてからわかったのだが、フランスなどを旅行してこちらがフランス語で地元の人に話しかけても、反応が冷たい。たぶん発音が悪かったり文法が間違っているからだろうけど、会話が続かないのである。ところが、中南米諸国でスペイン語を使うと、相手の顔がほころぶのがこちらにも伝わってくる。そして、どこから来たのかとか何をしているのかと、質問攻めにされる。スペイン語をしゃべる外国人を歓迎しているのかな? と思うくらい積極的に話しかけてくる。こうなると、こちらも少し頑張って新しい言葉や挨拶を覚えようという気になってくるのである。また発音も、スペイン語は日本人にとって比較的わかりやすい(単語のアルファベットをそのまま読んでも通じる場合が多い)。

そんなこんなでスペイン語に取り組み始めた時は、すでに25歳になっていた。初めてスペイン語の学校に通ったのは中米のパナマで、1992年5月から3カ月弱ほど地元のパナマ大学に通学した。学校探しは、JICAが当時出していた任国事情を参考に、治安が良くて通いやすい地域を探してみた。パナマ大学では当時、午前中週3回という初級者向けコースが開設されており、安い授業料(3カ月間で30ドル)が魅力的だった。このコースには、常時20名前後の生徒がおり、半数近くが中国人だったが、インドやオランダ、ユーゴスラビア出身者もいて、ユーゴスラビアの男性とは授業の後、テニスを一緒にするようになった。作文等の宿題も適度にあり、基礎を勉強する上で良い環境であったと思う。

2回目にスペイン語学校に通ったのはおよそ3年後で、マリエッタの配偶者としてメキシコ南東部のチェトマルで暮らし始めた1995年である。マリエッタはオランダ政府支援のJPO（Junior Professional Officer）というプログラムに採用されており、オランダ政府から配偶者に最大200時間の語学取得のための手当が出ることになっていた。ホームステイも可能ということだったので、隣の州都メリダの語学学校に4週間通うことにして、地元の家庭で寝泊りをした。平日の5日間に午前中4時間の授業があるのだが、クラスは4名とこじんまりしていて手を抜けない。宿題も多く、午後はその宿題をこなすことで精一杯だった。ホームステイ先ではご飯を食べるときにいろんなことを聞かれ、日本の文化等について説明することもよくあった。単語も辞書で調べたりして精一杯返事をしようと毎日努めたこともあり、密度の濃い4週間を過ごすことができたおかげで、少しスペイン語に自信がついたのもこの頃である。

3回目の語学学校は、ペルーで環境省にアドバイザーとして勤務していた時である。英語検定のような資格を取っていなかったこともあり、DELEと呼ばれるスペイン政府認定の語学試験を受けるための受験勉強をすることにした。特に文章作成に自信がなかったので、個人レッスンを受けることにして半年ほど頑張ってみた。お金も時間もかかったが、随時こうやって外部のプロから刺激を受けることも必要だと実感した。

難しいオランダ語

オランダに長期滞在したのは、大学院留学をしていた1992年からの2年間だったが、英語で授業を受け、他の留学生とも英語で会話をしていたので、オランダ語習得の重要性をほとんど感じていなかった。オランダに進出する日本企業がオランダを選択する理由の1つとして、日常生活でも英語が通じることを挙げている。実際に私がオランダ語に取り組もうと思ったのは、子供ができてオランダに住み始めてからである。役所での手続きや病院での予防接種、保育園での保母さんとの会話等は、すべてオランダ語である。英語で対応してもらえない訳でもないが、気がついたら向こうもオランダ語になんとなく切り替わっていたりする。ネパールからオランダに引っ越し、最初の半年間はアムステルダムに住んでいたのだが、中古住宅をユトレヒト市郊外に購入したこともあり、生活の拠点がユトレヒトに移ることになったら、余計オランダ語に接する頻度が高くなってきた。こりゃまずいなあ、と思っていたところ、市役所主催の外国籍オランダ移住者向けのオランダ語コースが開催されていると知った。2000年6月後半のことである。担当者に聞くと、順番待ちだからいつから参加できるか回答できないという。もうすぐ夏休みに入ってしまい、学校が閉まってしまうと少なくとも半年間は待たなければならない。焦りもあったし、向こう見ずだったかもしれないが、とにかく市内にあるオランダ語コースを実施している学校に直接乗り込んでみた。こちらの事情を説明したら、先生が会ってくれて自分のオランダ語のレベルをチェックしてくれた。ダメ元で、とにかく新学期の9月から参加したいのでお願いします！　と頼んでみた。諦めていたのだが、NT2というクラスに参加できるという通知が市役所から届き、9月から午前中週4回（木曜日を除く）通うことになった。自転車で20分のところにあるROCという学校で、東欧（ポーランド、ブルガリア等）、アジアからはフィリピンやベトナム、そしてロシアやウクライナ、マセドニア、モロッコ、トルコ、シェラレーネ、コロンビアといった多国籍軍である。配偶者がオランダ人というケースが半分以上だったが、難民としてオランダに来た人、家族や配偶者の呼び寄せ（トルコやモロッコ）だったりと、みんな背景が異なっているのも印象的だった。10カ月のプログラムで、終了時には大学進学に準じたレベルまで進むというかなりヘビーな内容であったが、脱落者はほとんど出なかった。ひとえに2人の先生の熱心な指導ぶりのおかげといえる。12月にホームパーティーを開いてくれたり、7月の卒業時には遠足でユトレヒト市内を流れる運河でのカヌーツアーを企画してくれたりと親身に対応してくれた。6月には国家試験があり、読む、書く、話す、聴くの4部門を受験した。私は「聴く」の部門で不合格となったが他の3部門で及第となり、ホッとしたのを覚えている。この時に集中して勉強したオランダ語は、アメリカ滞在時のオランダ語補習校でのお手伝い（前述）など、後々にいろんなところで役に立っている。

英語検定試験（TOEFLや、TOEIC、JICA英語検定）

英語の重要性は、今さら強調しても決して誇張にはならない。日本人の「英語下手」は世界中でかなり有名だし、英語を習得するための教材や幼児教育、各種検定の準備コースなど、選ぶのに苦労するくらいである。かく言う私も英語の習得には苦労したし、いまだに発音や文法にはあまり自信がない。とはいえ、留学の際に必要だったTOEFL受験の準備や、JICA専門家時代に受験した英語検定試験、そしてつい最近では、JICAのコンサルタントは10年ごとに語学資格の提出を求められるようになったことから、そのために受けたTOEIC等の経験を踏まえて、時系列で述べてみたい。

海外の大学院留学を目指していた時は、東京で仕事をしていた。初めて受けたTOEFLの点数は散々だったので、都内の語学学校に通うことを友人から勧められた。TOEFL専門のコース、そして読解力や文法を勉強できるようなコースの2つをガイドブックや口コミで探してみたところ、TOEFLは、西新宿にある朝日カルチャーセンターの朝出勤前コース（50分で週2回）が、もう1つは、上智大学の夜間コースで週1回1時間半というのを見つけた。授業料はさすがに高くついて、その当時は嘱託という立場の臨時職員だったので、倹約するために毎日、弁当を作ってランチ代を浮かせるようにしていた。朝のコースは8時からで、二日酔いの時とかは、何度サボろうと思ったことか。しかし、自腹を切っているのでとにかく宿題をこなして、先生が出してくれる模擬試験等に必死に食らいついた。試験に出る単語といった定番の授業の他に、語学習得に向けた心得も学べたことが大きな収穫だった（コラム４参照）。

オランダの大学院に入ってからは英語漬けで、他の留学生同様に苦労したが、論文をまとめた頃には、英語でのコミュニケーションに少し自信がついていた。そして、１９９７年夏からＪＩＣＡの専門家として赴任したネパールでは、報告書等で英語を書くことも多く、当時は専門家の場合、語学手当が英語にも支給されていたことから、一番難しいとされるＪＩＣＡ英語検定の一級に挑戦することにした。試験は一時帰国中に受け、読み、書き、聞き取り、そして個人面接の4項目があったが、合格通知を受け取った時は、自分の英語もここまで伸びたかと、とても嬉しくなった。その後、スペイン語圏での仕事が多かったこともあり、特定の英語検定を受けることはなかった。しかし、２０１4年夏にオランダを拠点にして開

コラム4　語学習得・器の大きさ

COLUMN

朝日カルチャーセンターのTOEFLの講師に言われたことで教訓としているのが，次の説明である。

「言葉が自分の器（うつわ）から溢れるまでは諦めないこと。語学習得が難しいと嘆く学習者にこれまでも接してきたが，多くの場合は自分でその器の大きさがわかっていないか，自分の器が小さいと勘違いをしている。器にヒビが入っていて，言葉が漏れていることもあるので，毎日コツコツと単語や文法等を溜めることが欠かせない」。つまりは，自分が備えている器が小さい場合は短期間で満杯になり，言葉が器から溢れるようになる（＝話せるようになる）。若いときと比べると，年配になるにつれ自分の器はだんだんと大きくなって，しかもヒビが入っているのではないかと思う。自分の器に単語や文法が簡単に溜まらず，言葉が溢れ出てこないのである。少し隠喩的な教訓であるが，若い頃の語学習得は楽だったなあと懐かしく思うこの頃である。

発援助のコンサルタントとして働くことになり、ＪＩＣＡの公示・公募案件プロジェクト等に競争入札をするため、ＪＩＣＡのガイドラインを読んでいたら、評価基準として、次のような案内が出たことから動揺してしまった。

「2015年1月1日以降の公示案件より、取得後10年以上経過した資格は語学評価の対象外とします（外国語圏の大学等の卒業についても10年以上経っている場合は語学評価対象外とします）。資格取得後年数が経っている場合は資格の取り直しを推奨します」（コンサルタント等契約におけるプロポーザル作成ガイドライン(4)）。

これには実際のところ困ってしまった。もう50歳近くになっており、今さら語学をブラッシュアップするのは億劫なこと、たぶん昔みたいに勉強してもスコアは簡単に伸びないだろうという懸念があった。また、受験は日本では難しいのでオランダで可能な資格となると、TOEICかTOEFLしかなかった。そこでネットとかで調べてみると、TOEICはほぼ毎月受験が可能なのに対して、TOEFLは受験会場や回数が限られており、消去法でTOEICを受けることにしていた。20年以上前に取得していたJICA英語検定1級は、すでに評価外ではあるが、なんとかして評価採点が高くなるSランクを目指したいと思い、860点以上を取るための受験書探しを始めた。ちなみにSランクとは「極めて高いコミュニケーション能力を有する。国際会議等での高度な議論、幅広い分野の専門書の理解、技術レポートの作成が可能」と規定されている。

ちょうど2014年の秋に、日本での健康診断を兼ねて一時帰国していたので、都内の本屋で探してみたら、『TOEICテスト完全ガイド』が、TOEICのプロに取材して、TOEICのパート別に教材を薦める内容で傾向と対策がわかりやすかったことから、まずこの本を購入して隅から隅まで読み込んだ。そしてそれに基づいて単語集や公式問題集を買い込んで、オランダに持ち込んだ。リスニングが自分の弱点だと気付いたので、評判の高かった「花田塾」の直前リスニングクラスを新宿の教室で、最後の仕上げとして2014年11月に受けた。その甲斐あってか、アムステルダムで受験した結果は目標としていた860点をはるかに上回る点となり、受験勉強の方法に間違いはなかったと確信した。ただ、10年後となる2024年に再度このような試験を受けるかどうかは定かでない。

ロシア語

TOEICでも苦労した中年になってからの語学習得だが、2015年秋から従事している中央アジアのキルギス共和国で使用されているロシア語は、新たなチャレンジとなった。最初の頃は、通訳による説明や質疑応答で対応すれば、ロシア語を新たに習得せずとも、仕事はかなり進めることができると思っていた。案の定、プロジェクトに配置された現地スタッフは優秀で、英語もロシア語もキルギス語も堪能というマルチリンガルな3名。しかし、現場や会議ではやはりロシア語かキルギス語がメインとなり、現地スタッフにその場で通訳してもらっても、なにか物足りない。これまではネパールでもペルーでもメキシコでも通訳無しで仕事を進めてきたから、やはり何とかして直接やりとりがしたい！　と要らない欲望がムクムクと出てきてしまった。たぶん2年間ぐらいのプロジェクトだったら、新しい語学取得へは挑戦しなかったと思う。でもせっかく4年間、キルギスに付き合うのだから頑張ってみようと思い、現地で頑張っている協力隊員（訓練所でキルギス語かロシア語に2カ月半集中し、赴任後にキルギスで語学学校に通ってホームステイをする）から、語学取得のコツや語学家庭教師を教えてもらったりした。

日本人には、ロシア語よりもキルギス語の方が馴染みやすく、文法もロシア語より簡略化されているということが見えてきたが、中央アジア諸国や他のロシア語圏での仕事もしてみたいという楽観的な考えから、ロシア語を習得してみようと思い立った。ただ、今回のプロジェクトは長期滞在ではなく、短期滞在を年に数回する形式であることから、キルギスを離れている期間にはどうしてもロシア語に接する機会が少なくなる。そこで、ロシア語圏で仕事をしている知人に日本語の教材等を紹介してもらい、付属されていたリスニング教材を録音しスマートフォンで聴けるようにした。ただ、いつも同じ内容を聞いているとどうしても飽きてしまうという難点があった。Duolingoなどの無料コースもインターネットで利用できるが、文法の説明が簡潔で、遊び気分で息抜き程度（無料だから文句は言えないのだが）。

使っているロシア語教材の一部

そこでお世話になることにしたのが、ＮＨＫラジオ講座。昔から英語やスペイン語でその放送を聞き、テキストブックを買って勉強していたのだが、最近の講座は、ネット上でもラジオの内容が再放送されるのである。１週間遅れになるが、好きな時間にダウンロードできる。一講座15分なので、自転車に乗って買い物に出かけるとき、キルギスの出張中に車で移動しているときなど、場所と時間を選ばずに聞くことができるのが大変便利である。テキストも実は、年間購読して実家のある盛岡に郵送してもらい、それを毎月、オランダまで転送してもらっている。２年目までは、なかなか聞き取りが難しく、文法も格変化などが複雑でチンプンカンプンだったが、３年目に入るとプロジェクト内での簡単な会話なら、内容が少しわかるようになってきた。キリル文字も厄介ではあるが、なんとか読めるようになってきた。今のところ、いろんな会話ができるようになりたいので地道に学習を続けていこうと思っている。最近になってロシア語になんとなく親近感を持てるようになってきたことの1つが、語順である。英語だと主語・述語・目的語という順序で話を組み立てることがほとんどである。英文法でいう「SVO」である。ところが、ロシア語は6種類ある格変化のおかげで、強調したい言葉や韻を踏むために、語順に固執しないということが多い。格変化を駆使して「OVS」と英文法とはまったく逆の文章も成立するのである。JICAキルギス事務所に2017年まで約5年間勤めていた健康管理員のKさんは、ロシア語ですべての仕事をこなしてしまう達人だったが、ロシア語の習得のコツを聞いたところ、「文法や文字などで日本人にはハードルが高い言語だけど、諦めずに5年間くらいやればモノになる」と答えてくれた。まだ先は長いが、継続は力なりと信じて毎日ラジオ講座を聞いている。ロシア語同時通訳の第一人者だった米原万里が、いろんな著書で述べているが、ロシア人はジョークが大好きな人たちだという。いつかキルギスでロシア語の笑い話を披露したいものだ。

日本語の曖昧さと0人称

日本語の曖昧さについてはいろんな方（夏目漱石や森有正ら）がこれまでも指摘してきて

いるが、泉谷閑示がその著書『「私」を生きるための言葉』で提案している「0人称という主語なしで成り立つ日本語の日常会話」という観察が的を射ていると思う。欧米の言語と日本語を比較した場合に、「日本語では主語が省略されることが多い」とよく言われる。スペイン語でも、主語を省略して話すことがよくあるが、動詞が一人称、二人称、三人称や複数で異なることから、誰について言及しているのかは、文脈で大体わかることが多い。ところが、泉谷氏によれば、日本語の場合は、一見、主語とされているものは「主題」を立てているだけであって、そもそも欧米語のような主語がないのではあるまいか、それ故、日本語を用いる私たちは、「私」という一人称がない未熟な「0人称」にとどまってしまうという傾向を帯びているというのだ。この「0人称」があることにより、話す立場の者が自分という存在を消して会話を進めることも可能であり、話者は個人主義の欧米人みたいに確固とした主体を持たないという裏返しでもある。このことは、「誰」が言ったかをあまり問われない責任の所在が曖昧になる社会を反映しているとも言える。「大衆人＝0人称＝世間」と見ることもできるとしている。また、個人主義が発達している欧米諸国と違って、集団社会をなす日本ならではの言語なのかもしれない。

確かに仕事等で日本語の報告書を英語やスペイン語に訳す時に、時々主語がないことに気づいて、「この文章の主語はＩ、ＷｅそれともＨｅなのか」と立ち止まって考えることが幾度となくあった。英語がなぜ、世界の共通語、特にビジネス社会で共通語としての地位を高めてきたか？　ということの理由の1つに、主語がハッキリしていて、日本語が持つ曖昧さがなく、文章の初めに主語が来るという構成にもよるのではないかと察する。会議等で意思決定をする時には、英語だと誤解を生む余地が少ないこともあり、効率がいいとも言える。しかも英語は、話している内容が肯定か否定なのかということが、動詞の後にｎｏｔが付くか付かないかで大体わかるので、日本語みたいに発言者の一文を最後まで聞かないと、果たして賛成なのか反対なのか図りかねるという面倒臭さもない。そう思うと、日本語は同時通訳者にとってかなり頭を悩ませる言語なのかもしれない（今は亡き、ロシア語同時通訳の第一人者だった米原万里にこの点について聞いてみたかった）。

註

（2）https://business.nikkei.com/atcl/seminar/19/00107/00002/
（3）青年海外協力隊ネパール会ホームページ・公開情報一覧に掲載　http://chautara-kaze.com/nepal-ov/wp-content/uploads/2018/05/74af56fd2cbc05431ccbed8afe16de0d.pdf

（4）https://www.jica.go.jp/announce/manual/guideline/consultant/ku57pq00000yi46x-att/proposal_guidelines_201311.pdf

第3章　仕事として国際協力に携わる

1　海外勤務（準備から赴任、現地での仕事や暮らし、帰国後）

異文化適応への各ステップ：Wカーブモデル

第1章ならびに2章でそれぞれの異文化体験を述べてみたが、見知らぬ国や地域に行く時は、いつもワクワクしていたことを思い出す。旅行はその計画を立てているときにすでに半分が終わっているとさえ言う人もおり、滞在予定先のガイドブックを手にしたり、すでに行ったことのある人の話を聞いたり、簡単な挨拶くらいはできるように言葉を勉強したりと、準備をする上で異文化理解を少しずつ深めていく。家族で新たな国に赴任する前は、赴任国の学校の手続きや住居の手配、ビザの申請、予防接種、引っ越しなど色んなことをこなさなければいけない。

ＪＩＣＡ等の専門家で派遣された際には、赴任前研修と称して、その国の専門家による任国事情の説明や場合によっては語学訓練なども含まれていた。マリエッタが、ＪＰＯとしてＵＮＨＣＲの仕事でメキシコのグアテマラ難民キャンプに派遣された際には、ＵＮＨＣＲ本部があるジュネーブに10日間ほど滞在して、紛争地域における治安対策や難民キャンプでのストレスへの対処などが具体的に説明され、配偶者も同席が許されていた。そして、赴任先へ飛行機等で向かう時の高揚感と不安な気持ちが入り混じったなんとも妙な感情は、渡航の時の独特なものだと今さらながら思い出す。自分では十分準備していたつもりでも、赴任先に到着したらまったく思うようにならないことや予想していなかった事件等に巻き込まれて、カルチャーショックの洗礼を受けることになる。できれば避けたいこのショックだが、いろんな文献を読んでいてもわかるように、自文化から異文化に移動する上でその程度は異なるとはいえ、誰もが経験することと言えよう。

このような個人的な体験も思い出しながら、図2のようなＷカーブモデルに接したのは、オランダの大学院に留学した１９９2年秋である。世界中の50カ国以上から留学生が集まったワーグニンゲン農業大学（当時の通称）で、本格的な授業が始まる前に、手続き等も含めて全員の留学生向けに1週間ほど研修が行われて、その際にこのカーブモデルの説明を受け

図2　異文化適応への各ステップ・Wカーブモデル

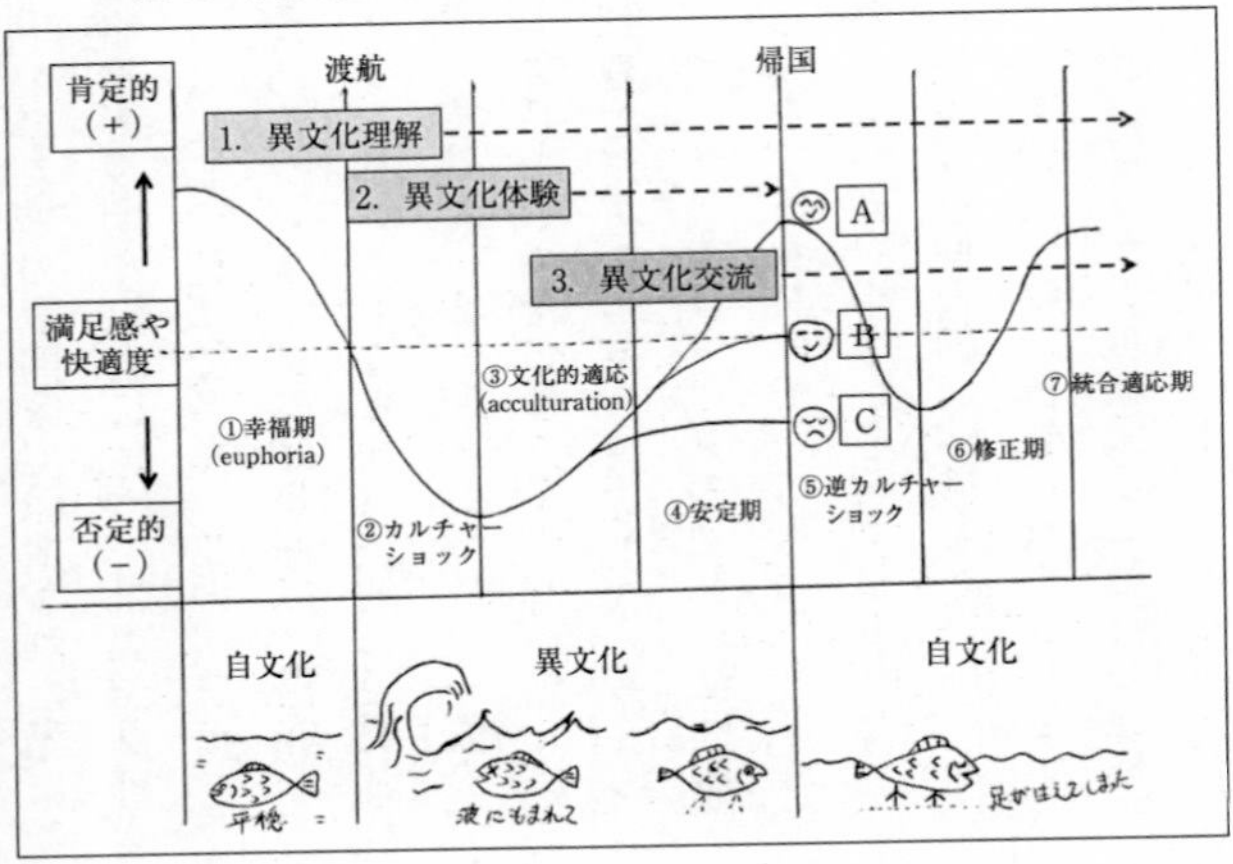

た。今にして思えば、ホフステードの書籍から引用していたのだろうけれど、私の所属していた修士課程は2年弱という期間で我々がどのような心境に陥るかということを次の4段階に分けて説明してくれた。①幸福期、②カルチャーショック、③異文化適応期、④安定期となっていて、オランダに渡航してきたばかりで、我々学生は初めて滞在するオランダへの期待感がまだ高い①幸福期の末期であるが、これからいろんなカルチャーショックを受けるであろう、と予告してきたのである。大学側では、毎年こうやってアフリカやアジア、中南米から老若男女問わず多彩な学生を受け入れるのだから、すでに経験済みのことなのかもしれないが、その時の忠告を聞いてなるほどと納得した。実際に

ホームシックにかかる留学生や、学業不振となって志半ばで去っていく同級生もいた。

カルチャーショックとその後

カルチャーショックを受ける期間は個人差があるのだが、秋から始まった授業を受けつつ、日が短くなり雨がちでどんよりした天気が続くと、開発途上国出身者の多くは、お天道様が懐かしい、雨の日に自転車になんか乗りたくないといった不満を多く口にするようになった。そして、授業が始まり4カ月ぐらいが経ちクリスマスが近づく頃には、引きこもりがちな留学生も出てくるようになった。とはいえ、大学側もいろんな配慮をあちこちにしていたことに後で気づく。

その1つがホストファミリー。西アフリカのベニン出身男性のアグバングラは、その時すでに40歳を超えており、家族を残しての単身留学。当時は、今のようにスカイプなど無料で使える通信手段もなく、彼はたまに国際電話をする以外は、家族とは手紙でやり取りをしていた。オランダの国費留学生だったので卒業するまでは祖国に戻る資金もなく、コツコツと勉強していたのだが、卒業式の時に彼曰く「毎週会ってくれたホストファミリーがいなかったら、自分は勉強を続けていれなかったかもしれない」と。そのホストファミリーは大学の

オランダ・ワーグニンゲン大学の留学生たちと
(1992年9月)

近くに住む年配の女性で、アグバングラを家族の一員として2年近く付き合ってくれていたのだろうな、と目頭が熱くなった。

③の文化的適応期を上手に乗り切るために、スポーツや音楽といったホビーが欠かせない。中国人留学生はオランダ人の学生卓球チームに所属していたし、スペイン語がリンガフランカ(共通語)の中南米出身者やスペイン人は、サッカーのチームを立ち上げ、平日夜に練習し週末には親善試合をしてストレス発散をしていた。また、ホームパーティーも定期的にあり、ネパールからの留学生3名には、時々ダルバート(ネパールの定食)をご馳走になり、楽しいひとときを過ごしたことも、今となっては懐かしい思い出である。メキシコ人のイグナシオ

は、「オランダの昼食は質素でつまらない」と不満をこぼす1人だったが、近所に住むメキシコ人一家と仲良くなり、手作りのトルティーヤ（トウモロコシ製）を週末によくご馳走になっていたようだ。実際、メキシコ市郊外にある彼の実家に後年、遊びに行った時には、お昼だったにも関わらず、ご馳走が出てきて、彼はこういう昼食をオランダ滞在中には恋しがっていたんだなあと実感した。

一方で、③の文化的適応期に不適応となった場合は、留学先の国や国民が嫌いになったり、心身に異常を生じたまま、自国へ帰国することになる。図の中にあるBやCのケースであるが、この場合、帰国してからどうなったのかは、残念ながらあまり知る由もない。

異文化体験をしているときの自分（日本人）は、異邦人なのだとふと思ったのは、なかにし礼がいくつかある著書（『赤い月』等）の中で、「旧満州、中国東北部で生まれ、8歳の時に日本に帰ってきた。帰ってきたと言うよりも自分にとっては「やってきた」と言うべきだ。日本に馴染めないまま青春時代を過ごしたり、常に異邦人意識があり、根無し草的な意識をずっと持ち続けた」と述べているのを読んで以来である。ＪＩＣＡ関係者で、年配の方に実は満州や朝鮮半島で生まれた、もしくは育ったという人が結構多い。思うに、日本にいても内輪に入れず外部者みたいになりがちなことから、異邦人として再度、海外を目指してしまうのかもしれない。私の母方の祖父も満州の義勇兵で、終戦後にソ連軍の捕虜となりシベリアに送られそうになったところを、命からがら逃げ帰って日本に戻ったという。

逆カルチャーショックと自文化への適応

私の場合は、協力隊員として初めて赴任したネパールで実はあまりカルチャーショックを受けた気にならなかった。その1つとして、約3カ月にわたる長野県駒ヶ根市郊外の訓練所での短期集中型の異文化適応訓練を受けていたからだと今さらながら思う。その代わり、2年間過ごしたネパールを離れて日本に戻った時の逆カルチャーショックの方が大きかった。自分の国だと甘く見ていたこともあると思うのだが、自分自身が2年間で大分違う価値観を身につけてしまったことから、日本の習慣や慣例に違和感を持つようになってしまっていた。

オランダにはKITという国立熱帯研究所があり、その付属施設で受講した異文化コミュニケーションの講義でもこの期間について説明があった（4章にて後述）。自分は海外に赴任する前と同じだと思っていても、長い年月をかけて異文化に適応してしまったことから、「魚に足が生えた」ような状態で自国に戻ってくるのであると図を交えながら話してくれた（図2を参照）。馴染みのあるはずの自文化なのに、なんとなくシックリこないのは、足が生えてしまったからなのである。別の言葉で置き換えれば、海外での異文化体験を踏まえて「異邦人」になってしまったとも言える。よって、海外赴任前のみならず、帰国後にもきちんとした研修を受けて、心身共に逆カルチャーショック期、修正期そして総合適応期を迎える準備をすることが望ましい。特に子供たちは、新しい学校への編入等で取り巻く環境が大人以上に激変することから注意が必要で、親も焦らずに丁寧に対応していくことが望まれる。また帰国後、研修等が準備されていなくても、会社や所属先のカウンセリング等を上手に利用することが不可欠であろう。

2　マリエッタのキャリア形成：仕事と育児の両立

ネパールでオランダ人と日本人が夫婦であること

1997年夏から、タダシは、ネパールの村落開発・森林保全プロジェクトにＪＩＣＡの専門家として赴任した。「ＪＩＣＡの専門家」であることは、地元の人々の目には非常に羨ましがられるポジションであることが、住み始めてからわかってきた。これはネパールの友人たちが、最初は私たちの名前をシミジとマリエッタジュと呼んでいたのに、専門家になったらマダムとサー（Madam と Sir）と呼び始めたことからもわかった。また、地元の役人からは、日本へ将来訪問する際に、我々がその橋渡しをしてくれるとも見られていたようだ。

さらに、多くのネパール人が私たちの結婚を「カースト間」と「お見合い結婚」だと理解していることにも気づいた。これは、日本という国が多くのネパール人にとって希望と栄光の国であり、結婚することで日本と縁ができる機会に便乗したと思われていたようだった。当時、多くのネパール人が日本の文化をよく知っており、日本人を尊敬し、日本で働きたいと思っていたのだが、オランダの文化については残念ながらほとんど知らなかった。ネパールでは、ヨーロッパといえば英国文化に関心が高く、その理由の1つとして、多くのネパール人が雇われていたグルカ兵の影響が大きい。オランダの開発援助団体であるSNVも、ネパールではいくつかの開発プロジェクトを実施していたが、残念ながらネパール人の間ではオランダに対する認識がほとんどなかった。一方、日本はその当時、ネパールへの最大援助国であり、地元のネパール人が数週間から数カ月間、日本で勉強したり、交流のために奨学金を提供してもらったりしていた。

私たちがポカラに到着したとき、タダシの仕事ははっきりしていたが、私には家事以外に何ができるのかよくわからなかった。ネパールで、自分の専門分野での仕事を見つけ、開発援助アドバイザーとして自分のキャリアを続けたいと考え、私はポカラに拠点を置くいくつかの開発機関と連絡を取り、話し合う機会を得た。しかしながら、私はすぐに、日本側から、自分のキャリアを築くのではなく、昼夜問わず色んな会合をホストし日本人社会の生活に参加することを期待されていることに気付いた。私はこの問題について、女性のＪＩＣＡ専門家や他の日本人女性と話し合い、やはり自分のやり方を見つけなければならないとの結論に達した。幸運なことに、すぐにユニセフのポカラ事務所で現地コンサルタントとしての仕事が見つかった。

ネパールのカースト制度、社会における不平等、そして外国人としての役割

新しい国に着いて、すぐに友達を作るのはかなり難しいものだ。ネパールでは、ＪＩＣＡ関係者の外国人パートナーとして、日本の対外援助関係者たちに歓迎してもらった。当時、私の日本に関する知識や日本語のレベルは初歩的だったが、関係者と共通の目標を持っていると感じていた。それは、ネパール人の生活改善のために努力支援するということであった。ネパールは、オランダや日本とはまったく異なる困難さを伴う国だ。というのも、カースト制度があり、上流カーストと下流カーストのように人々が分けられている。この制度を、外国人が把握することは非常に難しい。

例えば、ポカラに住み始めてからしばらくして、タダシが自家用車を見つけてきた。JICAの専門家であることだし、道路の状況や地元の規制に精通しているネパールの運転手を雇うことが安全のために不可欠だと周りから勧められた。私たちの運転手は、下流カースト出身だったが、ドライバーとしての仕事を非常に誇りに思っていたことをよく覚えている。最初の頃は、お茶の時間になると、「家に来てお茶でも飲まない？」と誘っていたのだが、いつも丁寧に断ってきた。そのうち、下流カーストの人々は、自分より位の高いカーストや外国人と直接接触しないように心がけていることに気づき始めた。それでも、私が彼に紅茶を提供したいと思ったら、直接提供せず（私の手からカップを直接受け取らない）に、テーブルなどに紅茶を置いてから飲んでもらうように気を効かさなければならない、ということを知った。

当時、住んでいた借家は、5つの寝室と巨大な屋上テラスを備えた大きな家だった。住み始めてから、空きスペースが目立ってかえって孤独を感じるということに気づいた。隣のビルがアパートになっていてそこの住人とも知り合いになったことから、しばらくしてアパートに引っ越してこじんまり住むことにしたのだった。こうしてポカラで住んでいる間は、新しい生活に慣れるべく、ネパール語を勉強したり、仕事を探したりしたので、家事はほとんどしなかった。そんな毎日の生活ゆえか、私が家にいる間は、車を清掃する運転手を横目に、近所の様子をうかがうといった状況となり、暇そうにしている運転手を喜ばすべく、外出して何かをすることがほとんど義務づけられたような感じだった。

ところが、これまでの人生で使用人に囲まれた生活をしていなかった私にとって、どういうわけか彼の存在が、慣れないだけでなく、いささか不快な気持ちさえ感じるようになってしまった。という訳で、ある日、運転手が車のそばに立っているのを見て、いつもとは違ったことをしてもらおうと考え、「車を運転する以外に何かできるように、学校へ通ったらどう?」と勧めてみたのだが、実は彼自身、ドライバーであることに大変満足しているとの返事をもらい、私は勘違いしていたことに気づいたのだった。

「役に立つことをしている」という感覚は、それぞれの人が生きてきた背景によって大きく異なり、「役に立つ」という定義と解釈が、私と相手でかなり異なるのである。オランダのプロテスタント文化では、何か「意味のある」こと、つまり生産的なことに取り組もうとするが、ネパールの文化では、それぞれが特定のカーストに生まれ、そのカーストによって社会・経済的地位が決定されてしまう。だからドライバーにとって、それは誇り高い職業であり、彼のために「もっと」または「他の」ものを望むことは、彼の希望ではなく、まったくもって私自身の問題なのだった。

家族計画という仕事

そんなこんなで、ポカラでの毎日は、ネパール語の勉強や、ネパール人女性のための英語コースでの講義、そして瞑想コースなどをしながら過ぎていった。しかし、心の中では、自分のキャリアを継続したいと思っており、地元ポカラのユニセフ地方事務所で働けるようになった時は嬉しかったものだ。ネパール人のチームで、大学で勉強した文化人類学を生かしながら現場活動に携わることができるので、このオファーは完璧だった。私の主な仕事は、母乳育児の重要性を意識したキャンペーンの効果を測定することで、栄養失調の子供の体重を測定した幼児プログラムの有効性についていくつかの評価を実施した。

私は妊娠、出産、母乳育児というテーマを進める上で、いくつかのタブーや習慣があり、これらが誕生後の数カ月間に、赤ちゃんを正常に育てる上での障害となることに気づいた。結婚したばかりの夫婦が、義母のところに住んでいた事例では、嫁が使いっ走りをさせられ、水くみや畑仕事といった過酷な仕事をしながら、母乳で赤ちゃんを育てなければならないという難しい立場にあることが判明した。また、妊娠中に十分な栄養食品を摂取しない嫁もいた。出産後、若い母親が仕事を続けなければならない場合、義母が赤ちゃんの世話をすることになる。そうすると、赤ちゃんは母乳を飲む時間が限られることから、なかなか体重の増加が見られないという結果になってしまった。この教訓として、母乳育児意識向上会議には、母親だけでなく夫や義母らも出席する必要があるという結論に達した。

ネパールで子供ができるまで

ユニセフで地元のコンサルタントとして働いている時に、プログラムの一部として村々を訪問し、母乳育児の問題をよく話し合った。いつものように、車で数時間かかる街から離れた村に到着したとき、私は村の女性たちと一緒に、母乳育児と母親の健康維持の重要性について話し合った。粉ミルクと比較して、母乳の良さを説明したところ、ある女性が「ディディ（お姉さん）、あなたの子供は何人いるの?」と尋ねてきた。私はこの質問に次のように答えた。「ああ、まだです」と。その途端、私はディディではなく、バヒニ（妹）と呼ばれるようになり、「あなたは何歳ですか?」「どうして子供を産まないのですか?」といった質問がどんどん出てきた。そして、自分が経験していないこと（母乳育児など）を、ここに集まっている若い母親たちに説明している自分に矛盾を感じたのだった。このことは、その後しばらく頭の隅に残っていた。

1998年初春に、私とタダシは、私たちの親友で昔ACAPのディレクターだったチャンドラ博士の出身地であるカスキ郡山間部のシクリス村に招待された。「彼の父親が84歳になったお祝いを村全体でするから、泊りがけで来ないか？」とのこと。私たち以外にもアメリカやフィリピン、イギリスなどからの友人も招待されていて、村人のおもてなしを受ける盛大なパーティーになった。そこでも「なんで子供がいないのか？」という村人からの質問攻撃をいろんなところで受けることになった。これがきっかけだったのかいまだにわからないが、その後しばらくして私は妊娠した。

子育てと職探し：ローマでの国連・配偶者雇用グループを例に

子供を出産してからオランダとボリビアで生活し、2003年冬から2年間であるが、タダシの仕事の関係でローマに赴任した。この街に家族で腰を落ち着けるのは、思っていたほど簡単ではなかったが、タダシが赴任して3カ月経った頃には、ローマの町並みにも慣れてきた。その頃からイタリア語の学校に通い始めたこともあり、私は周りのことを自分でだいぶ片付けられるようになっていた。そして、FAO本部に主に配偶者の女性が集まるグループがあることを聞いた。この女性グループには分科会があり、観光をしたり、トランプのブリッジを楽しんだり、映画に行くような活動を主にしていた。そしてその分科会の1つが「配偶者雇用グループ」で、これは由緒あるしっかりとしたグループだった。このグループは、ローマにある国連機関で働く外国人の配偶者で、専門的な仕事を探しているメンバー向けに雇用機会をつくり出すことを目的としていた。数カ月後に、それまでこのグループの代表だった人が辞めてしまい、周りから私が引き継ぐように勧められた。

そこで、私たちは履歴書執筆ワークショップなどを企画し、公募ポストや他の就職先を探す活動を一緒に始めた。また、私たちはローマ市内にある国連機関（FAO、IFAD、WFP等）の人事部を訪問し、自分たちのグループの目標とメンバーの状況について説明し、どんなポストが空席となっているのかなどを調べて、メンバーの職歴等を考慮しながら、一致しそうなポストがあったら交渉するというアイディアを思い付いた。そうした中、私はIFADの短期コンサルタントでフェアトレードの仕事に関わるポストを見つけ、二つ返事で引き受けることにした。息子たちが学校や保育園にも慣れ、手間が少ししかからなくなってきた時期だったので、タイミング的には絶好だった。また、平日にはお手伝いさんを雇っていたので、家事雑用をかなり任せることができたのも大きい。こうして始めたコンサルタントは、自分のキャリアを積み上げていく上でもやりがいのある仕事で、国際会議のためにエクアドル首都のキトやアメリカのシカゴに出張で行くことができ、自分の専門分野で働けることを嬉しく思った。

3　正のキャリア形成：技術協力プロジェクトや国際機関

JICAの技術協力プロジェクトにおいて：子供がいない場合（ネパール前半期間）

2年間働いた青年海外協力隊（JOCV）と同じ組織に所属するのだが、開発途上国で勤務する場合に、JICAから専門家として派遣されることも可能である。大きな違いとしては家族同伴が許されており、住居手当や教育費、そして生活費等が充実していることが挙げられる。もちろん仕事の内容や責任は協力隊員とはかなり違うのだが、腰を据えて活動するには非常にありがたい制度と言える。私の場合は、これまで延べ3回にわたって長期専門家として派遣された。最初は、南アジアのネパール、それから南米のボリビア、そして最近では南米のペルーである。

ネパールに派遣されるきっかけとなったのは、当時実施中だったJICA林業プロジェクト（村落開発・森林保全）で活躍していた門田さんが事故で亡くなり、その後任を探しているという連絡がメキシコの職場にファックスで入ってきたこと。受付のメキシコ人から「日本語で何枚もメッセージが届いているよ！」と言われ、その詳細を知った時には、いささか戸惑った。というのも、妻は当時オランダのＪＰＯとしてＵＮＨＣＲで働いていたが、日本の制度と異なり、希望すれば国連の2組織に合計で4年間（もしくはそれ以上）派遣される制度があり、次の候補地をペルーに絞り込んでいたのである。ちょうど1996年のことである。ペルーの首都リマにあるＦＡＯペルー事務所でＪＰＯの募集があり、オランダ人の友人を通じてその仕事の内容等も教えてもらっていた。マヤ帝国の次はインカ帝国か？　と勝手に考えていたが、スペイン語圏に行くのは悪くないと前向きに考えていた。

ところが奇しくも年末12月17日に、テロリストによる在ペルー日本大使公邸占拠事件が起こり、妻も私もペルーの治安に不安を感じるようになっていた。当時の在ペルー日本大使は青木盛久大使（私がネパールでの2年間の活動を終えて戻った時の協力隊事務局長）。人質となって公邸に軟禁状態だったことを知り、励ましの手紙を出したら、丁寧に返事を送ってくれ、さすが外交官だなあと嬉しくなったことを思い出す。

ＦＡＯは林業分野も専門としている機関で当時から一度働いてみたいと思っていたのだが、日本人であることから配偶者とはいえ、ペルーに向かうことを躊躇して迷っていた時期でもあった。そこに、親しみ深く懐かしいネパールへのＪＩＣＡ専門家としてのオファーをもらったのだから、こちらを前向きに考えることにしてみた。実はメキシコの仕事も現地調査や新しいプロジェクト申請等いろいろと充実しており、同僚ともだいぶ仲良くなっていたのでメキシコを離れることに抵抗も感じていた。それでもＪＩＣＡの専門家としてネパールに戻れるということで妻も納得し、手続きを進め、日本に戻ったのは１９９７年5月だった。派遣前研修に参加させてもらい、プロジェクトの初代チーフや関係者とも何回か東京都内で会議を行い、妻と一緒に赴任したのは雨季真っ只中の7月だった。

メキシコでもなんとか仕事でスペイン語を使えるようになっていたが、やはり自分にはネパール語の方がしっくり来るとプロジェクトに関わりながら思うようになった。私以外に専門家はチーフ、業務調整員、流域保全専門家とジェンダー専門家の４名が長期で滞在しており、ネパールのカウンターパートとは英語での交渉や会合になるのだが、政府現地スタッフや一緒に働いていたＮＧＯスタッフとは、ネパール語による意思疎通が楽であった。また、このプロジェクトは協力隊の「緑の推進協力プロジェクト」とも連携しており、村落開発普及員として協力隊員が10名、そしてチームリーダーとして専門家が１名派遣されていた。初めての専門家ということで少し気負っていたし、ネパール隊員ＯＢということで生意気だったと今さら思うのだが、いろんな事業や活動を担当させてもらえたのは非常にありがたかった。田舎で暮らしながらプロジェクトの事業を参加型で進めていくという困難な課題にコツコツ取り組む隊員たちの苦労も、なるべく共にしたいという気持ちは強かった。

また、同じネパール人でも片や政府系（森林土壌保全省のスタッフ）、一方でプロジェクトに雇用されて現場に住み込みながら協力隊員と一緒に活動しているNGOのスタッフたちとの立場や待遇の違いからくる対立なども日常化していた。そこにカースト制度やジェンダー（男尊女卑）といった文化的な要素が複雑に絡んでおり、プロジェクト運営はかなり難しい状況でもあった。そして、当時のJICA技術プロジェクトでいろんな国に導入されつつあった「住民参加型手法」をこのネパールでも活用することとなり、理論と実践についてさまざまな議論が展開されていた。

そんな折、当時の隊員から参加型農村調査手法のPRAについての研修をプロジェクトでも実施したいという要望があり、その講師を探しながらPRAについて自分なりに調べてみることになった。チャンバースの著書を読みながら、その理念と実践を、ネパール語でプロジェクトに関わる隊員やNGOスタッフ、そして政府系スタッフにも教えてくれる万能のネパール人を紹介してもらい、その後、何回か研修を重ねるうちに、自分でもPRAを使いこなせるようになりたいと思うようになった。その中で印象に残ったのが、「開発援助に携わる人たちのABC（Attitude Behavior Change：態度や習慣の変化）なしには、どんな対策やツールも薄っぺらいものに過ぎない」という重みのある言葉だった。

憧れの国際機関で働く（イタリア）

仕事で海外に出るようになってから、国際公務員という多国籍軍の中で働くことに憧れるようになっていた。それは、山形洋一さんや渡辺桂さん、田中由美子さんといった当時のJICA専門員がそれぞれのキャリアで国際公務員を経験していたからである。自分のキャリアパスを考える上で、国連で一度働かないことには将来がない！　と思い込んでいたこと。また、国連パスポートで世界を駆け巡る自分、そしてマリエッタが実際にJPOとしてメキシコで6千名以上のグアテマラ難民のために2年間働いていた時の充実ぶりといったことからも、いつか自分も国際機関で働けるようになりたいと思うようになっていた。マリエッタが働いたUNHCRは、国連の中で最もNGOに近い（政治的な生臭い世界から最も離れている？）と渡辺桂さんがいつか言っていたのだが、困った人のために何かしてあげられる、その環境や条件（人権保護、二国間の平和協定調印等）がそろっているというのは、JICA

やＵＳＡＩＤなど援助機関が実施する二国間協力とはまた違う意味での醍醐味があると思うようになっていた。

国際機関で働くための登竜門としては、日本人でも外務省のＪＰＯ試験があるのだが、私は2回ほど受験して、いずれも面接に至る前の筆記試験で落ちてしまっている。2回目の時は、当時、ＦＡＯバンコク事務所にいたBさんから、「受かったらぜひ来てほしいポストがラオスにある」とまで言ってもらっていたのに、たぶん英語の試験があまり良くなかった（当時のＴＯＥＦＬで６００点ぐらい取っていないと、１次試験は通らないと後で言われた）ので、すごく悔しい思いをした。

その後、ＦＡＯを中心に国連人事センターから定期的に送られてくる採用ポストの一覧を眺めたり、国連職員と会ったりと懲りずに夢を見ていた。ＦＡＯ本部はイタリアのローマにあるのだが、オランダに留学しているときには、当時、林野庁から出向していたCさんのところに、無理やり夏休みにお邪魔して、本部の職員を何人か紹介してもらったこともあった。その時、紹介してもらったラオス人やアメリカ人の職員とは、その後もメール等で連絡を取れるようになっていた。

再度応募しようと思ったのは、ＦＡＯ本部に参加型林業（Participatory Forestry）というポストを見つけた時。ちょうどその時は、ボリビア南部でＪＩＣＡ技術協力プロジェクトに赴任していた。長くて面倒くさい国連の履歴書は、フォーマットがまだデジタル化されておらず、ワープロで書いたものをプリントして、それを切り貼りして提出した覚えがある。書類審査に合格して、ショートリストに載ったら、外務省の国際人事センターに通知してほしいと言われており、ショートリストに載ったという知らせを受け取ったのが確か２００３年２月頃だったと思う。そして、電話で面接をするという知らせを受け取ったのが３月。ボリビアの電話通信状況は決して良くはなかったが、電話の向こうにいる５名の本部の人の質問に答え、最後にスペイン語で質問を受けた時には、自分ながらも上手く答えることができたという手応えを感じていた。

しかし、この電話面接から採用に至るまでが長かった。当時は、面接から採用まで早くても半年、平均で１年半かかると聞いていたので、仕方ないと思いつつも、当初はもっと長く勤めるはずのプロジェクトが延長も第２フェーズもないというＪＩＣＡ側の決定を受け、２００３年９月以降はまた無職になってしまった。この時、長男が４歳半、次男は２歳と手のかかる時期で、とりあえず実家の盛岡に滞在させてもらうことにした。ボリビアではお手伝いさんもベビーシッターも雇っていたのとは打って変わって、何もかも自分でせざるを得ない状況。自分の両親も畑等で忙しく、あまりあてにしてはいけないということもあり、保育園やデイケアを探してみたが、季節外れで、日本語もおぼつかない子供たちを本当に預かってくれるのだろうか？　といささか疑問だった。でも嬉しいことに、歩いて行ける距離の幼稚園が事情を察してくれて、特別に預かってくれることになったのが、ボリビアから帰国してちょうど1カ月後。これで自分も就職活動等で少し動きやすくなり、報告会等で東京にも泊まりで出かけられるようになった。

そこで受け取ったのが、フィリピンの森林政策に関わるＪＩＣＡ個別専門家の話である。前向きに考え、仕事の内容や赴任後の生活環境等も調べてみたが、やはりＦＡＯの仕事にも未練がある。もう11月に入り、妻も実家に居候するのが疲れてきて、早く次の仕事、できればマニラよりローマがいい！　などとわがままを言うようになってきた。ローマ本部は押せど突っつけど、なしのつぶて。一方で、マニラ赴任の話はかなり具体的になってきて、こちらの方が現実的になって焦ってしまった。

この時の経緯を後で知るのだが、在イタリア日本大使館のＤさんがかなりロビーしてくれていたようだ。日本人職員が、拠出金の割合に対して極端に少ないという背景もあった（これは今もそうで、かなり恒常的な問題になっている）。本当は、年度が変わる1月から（予算の関係）採用にしたかったFAO林業局の意向を無視して、12月上旬赴任で合意してもらった。赴任手当（家族持ちの場合は手厚い）や旅費などが年度末に繰り上げられることになって、予算を管理する部長はかなり困ったらしいと後でわかった。これが、後で部長（アメリカ人）らからネチネチといじめられる間接的な要因になろうとは思いもよらなかった。

また、ショートリストに残っていて、当然、自分は採用に至ると思い込んでいるすでに職員だった人や、貧困対策ということで短期雇用のコンサルタントとして働いていたイギリス人女性（この短期雇用ポストには、実は私も並行的に誘われていた）など、ライバルが結構いたことを軽視していた。彼ら（彼女ら）と一緒に仕事をして協力を得ようなんて甘い考えをしばらく抱いていたのだが、すべて裏目に出た。

そして、チリ出身のボスが退職。今でも失敗したなあと思っているのは、赴任して2週間ぐらいの時に急遽クリスマスランチをすると通知を受け取ったのだが、当日、日本人同士でランチをする企画を自分が立てており、断ってしまった。そしたらボス（私の採用に骨を折ってくれた方）から翌日、廊下で「Dr. Shimizu（清水博士）」と嫌味を言われてしまった。ボスが主催のランチを断るなんてもってのほかだったことに気づいたのだが、後の祭り。組織で働くことを知らない自分が情けなくなった。ボスに従順でないとわかるや、その仕返しは人事でやってくる。暫定雇用期間が延長になり、新しいボスになってから、契約延長なしという通告を受けた。当時、正規職員のポストで採用されれば、試用期間が終わって契約延長が進み、5年後には終身雇用になるのがＦＡＯ内部では普通だったので、よっぽど運に見放され、実力も足りなかったんだと自分を責めたくなった。この時は、ちょうど日本でいう厄年に当たっていて、こういう困難を乗り切るにはとにかく辛抱だと思って我慢することにした。

ただ、せっかく働くことができた国際機関をこのまま辞めたくなかったので、なんとか結果が出せそうな仕事をＦＡＯ内部で探して、各分野の職員らとコンタクトを取るように心がけてみた（コラム5を参照）。この時に良い感触を得たのが、イギリス援助機関であるＤＦＩＤがスポンサーのＳＬＰ（Sustainable Livelihood Program：持続的生計向上プログラム）。ここのコーディネーターであるヤン・ジョンソンに共鳴し、中央アジア諸国の森林と貧困対策というプログラムを提案したら、賛成してくれた。彼からは、ファシリテーション（後述ファシリテーション・問題解決と合意形成）の重要性を教えてもらい、ＦＡＯを去った後にＩＡＦというファシリテーターの専門組織で資格を取るきっかけになった。またＦＡＯ本部での職員としての立場を失ってからも、短期コンサルタントとして中央アジアのプログ

コラム5 COLUMN 国際協力の現場で偶然の幸運をつかむ・セレンディピティについて

セレンディピティとは，イギリスの作家，ホラス・ウォルポールが 1754 年に友人宛の手紙で使い始めた造語で，偶然の幸運に出会う能力を指す場合が多い。国際援助の現場でも，予期していないこのような偶然の出会いは多くある。「いい結果が来ないかなあ」などと「果報は寝て待て」的に受け身ではいけないのである。偶然のように思える幸運に巡り合うためには，次の 3 つの要素が必要となるとしている。①行動（とにかく具体的な行動を起こす），②気づき（その意外とも思われる出会いにとにかく気づくこと），③受容（素直にその意外なものを受け入れること）。

異文化の中で仕事をしている際に，①をこなすことは意外とハードルが低い。しかし，②に移るためには，言葉や文化，習慣にある程度長けていないと，目の前をさらっと流れていき気づかない場合が多いはずだ。そして気づいたとしても，受容するには何かと抵抗感があるはずだ。例えば，キルギスの祝宴でお客としておもてなしを受けているのだが，羊の脳みそやナイフで切られた耳の一部を目の前に出された場合に，瞬間的に拒否してしまいかねない。ホストの家族との絆を深めるせっかくのチャンスを損ねてしまう。幸運はこのように逃げていきかねないのであろう。

茂木は，『「脳」整理法』という新書の中で「偶然のチャンスを生かすことができるかは，心掛け次第，脳の使い方次第で変わりうる」と述べている。開発援助の現場でトラブルを起こさずに仕事を進めるためには，普段から注意して異文化と向き合う心掛けが大切だと改めて言えよう。

（茂木健一郎，2006 より）

ラムから雇用してもらい、FAOのペーパーとして2本出版してもらうという栄誉にあずかることもできた。

オランダでは、すでにマリエッタがフルタイムで働いており、私の方は2人の子育てをしながらFAOなどのコンサルタントの仕事をして、次の仕事探しをするという状況で、少し不完全燃焼な気分だった。

国際金融機関の本部で働く・ワシントンDC

FAOの仕事を終えてからは、オランダを拠点に開発援助コンサルタントとして、アフリカや中南米の仕事をそれなりにこなしていた。出張していない時は主夫として、子育てや家事等に関わり生活のリズムをつかみかけた頃、スペイン語で仕事をできる人を探しているという話を受け取った。米州開発銀行（IDB）という、アメリカの首都ワシントンDCに本部を置く地域開発銀行で、気候変動分野のスペシャリストとして日本人を採用したいという話だった。アメリカはもともと個人的に嫌いな国の1つで、出張で何回か訪ねたことはある（世銀のYPP採用試験等）が、長期滞在で仕事をしようとはあまり考えたことがなかった。これまで出会ってきたアメリカ人の印象もそんなにポジティブでなかったし、ヒロシマやナガサキに原爆を落としても謝罪しない戦勝国に、自分が乗り込むというのがあまり実感できなかった。

とはいえ、仕事はスペイン語圏の中南米諸国と、ポルトガル語圏のブラジルが対象で、これまでの経験やネットワークを活かすことができそうかも？　と淡い期待を抱いたのも確かである。妻もオランダのＮＧＯで防災関係の仕事をしており、インドネシアやニカラグアなどへの出張もこなし充実していたので、この話はあまり積極的に受け取らず、他にいい人がいればと思い、ＦＡＯ時代に一緒だった農業経済に詳しいＥ君を紹介したりした。そのＥ君曰く、「ワシントンは面白いし、エキサイティングだ。ブラウンバックランチやいろんなセミナーがあってどの話も最先端だし、世界政治がどうやって動いているか肌身で感じられる場所だから、いい機会だと思う」と積極的に勧めてくれたが、すぐに飛びつく気になれなかった。

その当時は「アメリカ人」というステレオタイプ的なイメージにこだわっていたのかもしれない。Ｅ君は、奥さんが日本びいきのアメリカ人で、しばらくメリーランド州のベテスダに住みながら仕事をしていた。「ワシントンで仕事をするなら、ベテスダ周辺に住むときっと楽しい！」と勧めてくれたのも彼である。ＩＤＢやワシントンＤＣの情報収集をしつつも、気持ちはアメリカ行きに傾いてきた。どうやらそんなに悪くなさそうだな、子供たちが英語を勉強する絶好の機会かもしれない（この時は長男が小4、次男が小2だった）、国連のＦＡＯと違って国際金融機関で働くのも今後の自分のキャリア形成でプラスになるかも、などと勝手に妄想していた。そんなこんなで履歴書を送り、ＩＤＢ本部からの回答を待つうちに、その年も4月が過ぎようとしていた。

もし赴任するなら、子供の夏休みが終わる8月下旬がベストだと思っていたので、実は焦り始めていた。「ラテン気質でのんびりしているのかもしれん、とにかく話を進めるためには担当者に直接会って、契約の内容や生活・教育環境も調べないといけないなあ」と思い始め、ＩＤＢの日本理事事室を通じて交渉の機会を作ってもらうことにした。実際にワシントンＤＣに単身入ったのは、２００８年5月中旬に5日間と短期。ワシントンを訪問するのは実は2回目で、１９９６年に世界銀行のＹＰＰに面接試験で呼ばれたことがあった。その際に泊まった長期滞在アパートの近くに宿を取ることにした。気候変動室のボスは、コロンビア出身の男性。この時は知るべくもなかったが、ＩＤＢ総裁の腹心で、政治家でもあるなかなかやり手のエリート。5分ぐらいしか面接で話せなかったが、人当たりも良く、この人の下ならやっていけそうだと思ったのも事実である。

給料とかの交渉は、彼のアシスタント（アルゼンチン出身で、後に彼の奥さんとなる）と進めることに。給料額に関しては、妻と事前に、最低このくらいは欲しいよねということを協議していたので、意外と面倒なことになるかも？　と腹をくくっていたが、提示してもらった額は予想より高く、いささかビックリ。すぐに妻と連絡を取って、その内容でいいか？と確認をし、合意することにした。

この時は甘く見ていたのだが、正規職員でないので、健康保険は自己負担、これが毎月の出費に重くのしかかってくる。そして、家賃と教育費。正規職員の師弟は世界銀行や各国の大使館同様、ワシントンDCにある私立学校に通わせている場合が多いが、1人当たり2万ドル前後の学費を納めなければならない。庶民はそんなことができないから、公立学校への編入を考えるのだが、ワシントンDC内はどの小学校も評判がかなり悪く、当時は治安にも残念ながら問題があった。チャータースクールなどもボチボチ出始めていたが、内容にいささか不安があったため、ワシントンDC地区の学校への編入は諦めることにした。そうすると周辺の州で、北側のメリーランド州もしくは西側のバージニア州の公立学校が対象となる。

5月に短期的に訪ねた時には、世界銀行に勤めるFさんが自身のお嬢さんを通わせているバージニア州の小学校を車で案内してくれた。ホームページで見るのとは大違いで、校庭や校舎の雰囲気を実感できたのが大きい収穫だった。そして、メリーランド州は、地下鉄に乗ってベテスダ周辺を時間の許す限り歩いてみた。カフェがあって、バーンズ&ノーベルスという大型書店が目抜き通りにあり、ちょっとリベラルないい感じ。この辺のタウンハウスを探すのがいいのだろうなあと思って、オランダに帰国した。

帰国後、正式にオファーを受け、書類にサインして赴任手続きを進め、小学校探しや家探しもメールやウェブで並行して進めた。しかし予想よりも進み方が遅く、滞在ビザの申請（在オランダ米国大使館）や自宅の借り手探しなどがかなり面倒で、結局、出発を8月下旬から10月中旬に仕切り直すことにしたのが7月半ば頃だった。折しも、アメリカでは大統領選挙が進んでおり、オバマ候補が急速に支援を集めているというニュースが流れていた。2001年9月11日のテロ事件で勢いをつけたブッシュ政権の共和党が、民主党に負けるかもしれないという情勢であった。

IDB独特の組織文化

一言で簡単に述べていいのか迷うが、IDBに限らず国際機関で働く人は、みんなしたたかでズルい。ラテン系のノリにごまかされかねないが、一筋縄ではいかない人が多い。『華僑の大富豪に学ぶずるゆる最強仕事術』などの著書があり、華僑とのビジネスに詳しい大城太によれば「ズルい」ことは、日本人的にはネガティブに捉えがちだが、華僑はそれが「賢いやり方」だとしてポジティブに利用しているという。自分の知り合いや親戚を、インターンや短期コンサルタントで、スルリと自分の部署等に潜り込ませてくる。こういう人はあまり仕事ができる感じではないが、プライドが高く、パトロンに守られているという強みがあるので、我々外部者は簡単には立て付けない。

一方で、博士課程の若手女性研究者を短期的に雇って、シンポジウムの準備や報告書作成を手伝ってもらったが、後で彼女に言われたのは、「自分の評価が非常に低い、なんとかしてくれないか？」ということ。彼女は仕事も速く、個人的には満足していたので、なんかおかしいなあ？　と思いつつも、上司の評価に口を挟めるわけでもなく、その時は悪いことをしたなあ、と真剣に考えていなかった。その後、別のプロジェクトでやはり短期的にアシスタントを雇おうということで、数名の履歴書を送ってもらい、若手で少し経験のある人を推薦したのだが、決まったのは、どう考えてもスーパーのレジをやらせた方がいいんじゃないかと思うような頼りないおばさん。コロンビア人である。案の定、仕事に支障が出始め、他の人を探すように頼んだりしたが、時すでに遅し。できるような若い人は、いい仕事をしていい評価をつけてもらえば、残ってしまう可能性が高い。短期の仕事とはいえ、コネとかがある人でない限りは、才能のある若手は採用の段階で排除する傾向があると思うようになった。そして人畜無害の年配者を採用しておけば、後腐れがない、総務や庶務に携わるバックアップの人たちにも影響が残らない、といった思慮がどこかで働いているはずだ、そんな人事が根強く残っている組織なのだろう、と後々気づいたのだった。

この辺の倫理観の違いにはなかなか慣れないものであるが、中南米系の人たちはそうやってキャリア形成を進め、仕事を取ってくるのである。時間にルーズなようで、実は最後にはきちんとまとめる能力というか資質を持っている人が、このような国際金融機関に勤めているのだと後々わかってくるようになった。

4　海外での勤務を振り返って（正の例を中心に）

JICAが求める国際協力のプロフェッショナル

日本人が国際協力に取り組む上で、ＪＩＣＡ（国際協力機構）の存在は大きく欠かせない。ＪＩＣＡで働こうとする人たちにはどんな資質が求められているのかを確認しておくことは、多かれ少なかれ開発途上国などの海外で勤務する上で参考になる。ＪＩＣＡが求めて

コラム6 COLUMN 海外で頑張る日本人スポーツ選手たち

テニスの錦織圭選手を最近は応援していたが，2018 年 9 月に彗星のように 4 大オープンの決勝（全米）に進み，見事に優勝した大坂なおみ選手の試合は凄かった。女子テニスの女王・セレナに果敢に立ち向かい，会場のブーイング（地元国のアメリカ人）にも耐えて，若さと勢いがにじみ出てくる姿。そこには本当に清々しさとこれまでの努力が感じられ，国際舞台で戦う一流のスポーツ選手としてのマナーと気概を備えていた。劣勢な時でも，サービスエースを連発できるという武器を使いこなしている強靭な精神力は，凄いとしか言いようがない。

海外で暮らして仕事をしていると，どうしても海外で活躍する日本人スポーツ選手の動向が気になる。20 年以上前にメキシコで働いていた時は，日本のプロ野球界を飛び出して，大リーグに果敢に挑戦した野茂英雄選手の活躍に一喜一憂していた。その当時はまだ SNS などはなく，しかも南米の地方都市なので入ってくる情報も限られていたが，アメリカの著名雑誌（Newsweek 等）などで取り上げられると，日本人としても嬉しくなり，励まされたことを思い出した。

2015 年にラグビーで南アフリカに勝った桜軍団の試合，2011 年の大震災後の女子サッカー W 杯で優勝したナデシコ軍団などには，在外の日本人のみならず多くの日本人が勇気づけられたと思う。そこには，劣勢な状況でも国際舞台で果敢に立ち向かう選手たちの姿があるからだろう。異文化というアウェーにおいて，仕事や人間関係がうまく行かない時でも，こんな立派なスポーツ選手が活躍していることを思い出して，そこから何かを学ぼうとしていた自分がいた。

いる「モデル人材像」とは、「開発途上国の人々への強い共感と高度な知識をベースに『現場力』『構想力』『発信力』を発揮して国際協力に貢献できる人材」とされており、次の6つの資質と能力を基準に開発途上国に派遣される専門家等の人材選考等を行っている。

①分野・課題専門力
②総合マネジメント力
③問題発見・調査分析能力
④コミュニケーション力（対話力）
⑤援助関連知識・経験
⑥地域関連知識・経験

もちろん役職や仕事の内容によって必要とされるレベルには違いが生じてくるし、求められる助言の内容も、技術的なことから、案件の運営やマネジメントなど、多岐にわたる対応が必要となる。多様な関係者の意見によく耳を傾けながら、自国から遠く離れた土地で、一歩ずつ仕事を進めていくためには、これらの資質が欠かせない。

またこの6つの資質や能力に関して多くの場合は、自文化に身を置きながら学習し磨いていくことができるものでもあるが、異文化体験を通じて⑤の援助関連知識・経験や⑥の地域関連知識・経験はより豊かで多岐にわたるものとなるはずだ。また④のコミュニケーション力に関しては、語学習得の場合は自国にいる際にでも可能で、異文化適応力を自分なりに身につけていくことで改善できる。このコミュニケーション力として必要なことは、言語を駆使する力だけではなく、関係者との間に心を通わせ、気持ちをひとつにして協力し、連携しながら仕事を進めていく力である。JICAや国連の仕事での長期滞在（2～3年間の場合が多い）のため赴任・渡航した際に、最初のストレスとなるのが言語である場合が多い。ロシア語のように言語がまったく読めない国や、英語が通じない国も予想以上に多い。ある程度、会話ができるようになっても、心から気持ちが通じ合えるような友人を見つけることも簡単ではない。とはいえ、赴任先の言語を習得するとともに、文化や宗教、独特の習慣やマナーを身につけるようコツコツと努力することが大切である。

国際協力との30年間のお付き合い

平成の30年間は、自分やマリエッタが国際協力に関わってきた30年という期間でもある。

2019年には平成の元号が変わった。昭和天皇が崩御したのを知ったのは、当時、唯一の外部からの情報収集源だったラジオNHK短波放送であった。その1989年の正月のことだが、ネパールで滞在していた家の近所の村人が「日本で何か大変なことが起きたようだぞ」と口々に伝えてくれたので、その日の晩は、短波ラジオにしがみ付いてニュースを聞き漏らさないようにしたのを思い出す。国際協力に携わることになった原点は協力隊への参加で、ネパールで過ごした2年間であるが、その後、いろんな経験を積むうちに、ワーク・ライフ・バランスが重要であり、共稼ぎをしながら家事や育児をうまく分担していくことの難しさも実感した。

国際協力の仕事をしつつ、幸いにも2人の息子に恵まれたが、異国での教育問題にはかなり頭を悩ませた。異国であれば、地元で評判の良いインターナショナルスクールを探してそこに入れればいいと軽く思っており、実際、長男はローマのインターナショナルスクールに小学校入学とともに入り、楽しく過ごしていた。

しばらくして、アメリカ合衆国からペルーに家族で赴任した時は、長男はすでに中学生、次男も小学校の高学年になっていたが、この時はだいぶ苦労した。ペルーが特にそうだったのかもしれないが、中途入学の手続はかなり面倒であった。まず、空きがないとやんわり断られる。いくつかの学校を訪問したり、知人の紹介で先生に会ったりしながら、やっと入れたインターナショナルスクールの授業が、英語だけでなくスペイン語でも半分くらい教えられているというカリキュラムだったので、最初の1年は息子たちもかなり苦労した。そして入ってみてわかったのだが、学年が上がるほど地元出身者（つまり自国文化の生徒）の占める割合が高くなり、国際的な雰囲気が薄まり、いわゆる現地のエリート層の子供たちが過半数を占めるようになる。

後々気づいたのだが、幼少期には家族と一緒に赴任して、子供を地元のインターナショナルスクールなどに入れる夫婦も多い。ところが思春期や反抗期を迎える中学生以降になると、単身赴任や寄宿舎付きの学校への編入等のケースが多くなる。子供たちの転校は、できれば小学校高学年ぐらいまでで終わらせたほうがいいと思うようになった。世界銀行とかでも、中高生がいる家族にはなるべく開発途上国への赴任を勧めないようにしていると聞いて、納得した覚えがある。

とはいえ、単身赴任で仕事に関わるよりも、近くに家族がいるほうが精神的にどれだけ助かるかは想像に難くないはずだ。マリエッタと2人でいろんな仕事に関わる上で、外せなかった基本方針は「子供たちが大きくなるまでは、単身赴任が前提となる長期滞在の仕事には

ペルー・イキトス市郊外のマナティ保護センターにて
ペルー政府環境保全省勤務のグスタボ（右側）さんと
（2012年2月）

お互いに応じないこと」だった。そうなると関われる仕事の内容や場所が限定されてしまうのだが、止むを得ないと判断して正解だったと思う。

自分でも痛感していることだが、青年海外協力隊事業（ネパール派遣）への参加を通じて、技術的な広がりと深みを得られるだけでなく、技術面以外での収穫も大きいものとなった。例えば、2年間、現地の人々の生活の中に入り込んだ活動を行うためには、現地の言葉（訓練所で習得した言葉以外の現地語である場合も多い）を習得するだけでなく、時にはそれまで培ってきた考え方を変えることが求められ、まさに異文化コミュニケーションを日々実践したことになる。その経緯を経て、異なる文化、社会、慣習等を認識し、尊重できるようになるばかりでなく、文化、社会等の日本的価値を再認識することにもつながった。

第4章　異文化コミュニケーションとは何か?

1　これまでの研究や実績（外向きと内向き、2国間の文化差）

増加する、海外へ出かける日本人と日本を訪ねる外国人

国際交流が盛んになり、旅行のみならず海外で仕事をする日本人の数は年々増加しており、海外から日本に来る外国人も同様である。日本への入国者（帰国者）を見てみると、平成29年は前年に比較し12・3％増加し、およそ9、000万人となっている。このうち日本人は約3、500万人と、10年前より1割ほど増加しているが、外国人は協定該当者(5)を含めると平成29年は約5、400万人となり、平成20年のほぼ3倍になっている（表3参照）。島国の日本も、今や異文化との出会いは避けられない状況となっており、海外旅行だけでなく、日本国内でも異文化との接触の機会が増えている。

表3　日本への入国者（帰国者）の推移
平成20年から29年まで

年　次	総　数	日本人	外国人		
			外国人総数	内正規	内協定該当者
1. 人数					
平成20(2008)年	50,407,129	31,892,683	18,235,161	17,955,876	279,285
平成21(2009)年	46,340,290	30,878,233	15,170,166	14,878,275	291,891
平成22(2010)年	52,426,203	33,249,108	18,885,348	18,593,601	291,747
平成23(2011)年	48,530,738	33,915,303	14,326,434	14,037,433	289,001
平成24(2012)年	55,441,070	36,898,842	18,267,593	17,992,958	274,635
平成25(2013)年	57,568,798	34,894,745	22,412,767	22,151,481	261,286
平成26(2014)年	62,233,373	33,819,185	28,128,734	27,843,280	285,454
平成27(2015)年	71,942,963	32,472,678	39,161,867	38,853,449	308,418
平成28(2016)年	80,774,940	34,204,672	46,236,065	45,901,862	334,203
平成29(2017)年	90,721,860	35,765,745	54,604,534	54,252,953	351,581
2. 対前年比(%)					
平成21年	−8.1	−3.2	−16.8	−17.1	4.5
平成22年	13.1	7.7	24.5	25.0	0.0
平成23年	−7.4	2.0	−24.1	−24.5	−0.9
平成24年	14.2	8.8	27.5	28.2	−5.0
平成25年	3.8	−5.4	22.7	23.1	−4.9
平成26年	8.1	−3.1	25.5	25.7	9.2
平成27年	15.6	−4.0	39.2	39.5	8.0
平成28年	12.3	5.3	18.1	18.1	8.4
平成29年	12.3	4.6	18.1	18.2	5.2

出所：法務省出入国管理統計年報
http://www.moj.go.jp/housei/toukei/ toukei_ ichiran_nyukan.html

この章では、外国人として日本に渡航した私の妻の体験や、一般旅行者ではなく短期滞在者として、開発途上国（ネパール、ボリビア、ペルー等）に渡航した際の経験および先進国（オランダや米国、イタリア等）での妻や私の体験を参考にしながら、異文化で何が問題となり、どのように対応してきたかを述べることとしたい。異文化間コミュニケーションでは、自分の国を紹介できることや、相手には自分たちがどう映っているかを知ることが大変重要であると最近痛感することが多く、コミュニケーションを上手に取るために必要と思われることについても触れてみたい。

2　ホフステード・モデル等

研修講師の担当とホフステード・モデルとの出会い

２００６年にオランダの知人から、日本に赴任する家族向けに講義を半日ほど行う仕事を紹介してもらった。アムステルダム市内にある国立熱帯研究所（ＫＩＴ）の異文化間マネージメントとコミュニケーション（ＩＭＣ）という付属施設の講師である。オランダの多国籍企業（シェルやハイネケン、ユニリーバなど）の海外赴任者向けに、グループや家族ごとに半日から数日の赴任前研修や帰国後対応研修などを実施しており、私のようなフリーランス向けにも年に数回、１日間の研修が開催され、異文化コミュニケーションの講義を無料で受講することができた。そこで出会ったのが、オランダ出身のホフステードの理論。妻に言わせれば、「オランダ人で海外に赴任する人ならみんな知っているわよ」と常識の如く知られている理論だったが、きちんと講義を受けたのは、この時が初めてだった。後で在蘭日本商工会議所（JCC）等で知ったのだが、企業向け異文化研修の講師をしている加藤真佐子さんをはじめ、いろんな方がホフステードの理論を日本に紹介しており、この分野の古典的な理論である。

その本は『経営文化の国際比較』といい、日本語には1984年に訳され、最近、改訂版がホフステードの息子が加わった形で刊行されている。刊行当時、斬新だったものの1つに、先進国から開発途上国まで、多国籍企業（IBM等）に勤務するビジネスマンのデータが豊富に使われていたことがある。そして、その理論は今でも進化しながらいろんな形で応用されており、自分が協力隊に赴任した時（昭和63年・西暦1988年）にはすでにいろんなところで教えられていたのである。

加藤さんはこれまで、邦人のみならず各国のビジネス人材に異文化コミュニケーションを教えてきており、ホフステード学派の1人である。一度お会いした時に印象に残った言葉が「日本人は、情報を無料だと思ってあまり大事にしていない」だった。IMCのような海外赴任向けのコースには、駐在する本人だけでなく、妻（夫）や家族向けのコースもある。日本では単身赴任のケースが多いが、欧米人は家族がバラバラになることを避けたがる。赴任先での教育や生活環境、配偶者が働けるかどうかといった労働条件など、駐在に欠かせない情報に関してお金を払った上で取得することを当然と思っており、企業もその費用をきちんと負担することがほとんどである。このようなサービスを受けるために、企業はＩＭＣのような機関に外注するのである。赴任前のみならず、現地へ赴任後、そして帰国した際にもコースを受講することが可能となっており、手厚いサービスを受けられることが目玉の１つでもあった。一方、邦人企業はこのようなサービスにあまり関心を持たず、新規赴任者に対しても前任者からの引き継ぎ等で簡単に済ませることが多く、あまり需要がないと加藤さんが言及したのは意外に思えた。

6つの文化次元に至る経緯

ホフステードは、オランダ出身の社会心理学者で、１９７０年代にＩＢＭの世界各国・地域の従業員を対象に調査を行った。国民文化の相違を説明するものとして、その結果を４つの領域（後に2つの領域を追加して合計6つの領域となる）に分類し、相対比較可能なスコア（0から１００まで）を付けて、国民文化をモデル化した。ある2国間の各領域（次元とも呼ばれる）のスコアの差が大きいほど、その2国間の文化差は大きいことになる。ホフステードは、文化や国民性を定量的な指標で表すという新しい研究分野を開拓した1人であり、彼の代表的な著書『経営文化の国際比較』の中で、ホフステード指数と呼ばれる文化、国民性、価値観や行動様式といった定性的なファクターを定量的な指標で表現した。その後、１９９１年には『多文化世界』というベストセラーを出版し、ホフステードの研究成果は今日に至るまで、オランダのシェルやユニリーバ等の多国籍企業のみならず、欧米諸国を中心にさまざまな企業のグローバル経営に寄与してきている。

これらの指標は、ＩＢＭ社における40カ国11万人の従業員の価値観を比較することで、仕事に関連する国民文化の差異を求め、次の４つの文化次元を明らかにした。

①権力格差（ＰＤＩ：Power Distance Index）

②個人主義と集団主義（ＩＤＶ：Individualism Index）

③男性らしさと女性らしさ（ＭＡＳ：Masculinity Index）

④不確実性回避（ＵＡＩ：Uncertainty Avoidance Index）

この研究は国民文化の国際比較を行ったものであるが、ホフステードはさらに組織文化の比較研究へと領域を広げ、36の国・地域の回答の結果を踏まえ、延べ76の国および地域（スイスやベルギーなどは使用言語に応じて、同じ国でも2つ以上の地域に分類されている）の結果をもとに分析を行っている。また、国民文化の違いを理解するために、新たに2つの文化次元モデルが加えられ、延べ93の国および地域（キルギス共和国やアルメニア等の旧ソ連諸国と、タンザニアやナイジェリアなどのアフリカ諸国が追加されている）の結果が分析されている。

⑤長期的指向と短期的指向（ＬＴＰ：Long-Term Orientation Index）

⑥人生の楽しみ方：抑制的か享楽的か（ＩＶＲ：Indulgence Versus Restraint）

このような各国の国民文化を規定する慣行に関する6つの文化次元を明らかにし、これらの一連の研究をまとめて加筆修正した『多文化世界』は、２０１０年に原著の最新版（第3版）として共著で発行されている。

6つの文化次元について

ホフステードが調査の対象とした76の国および地域の中で、私やマリエッタがこれまでに

表4　対象とする19の国および地域リスト（ボリビアとネパールを除く）

	国　名	一人当たりのGDP（USD$：2017年）	ホフステードの文化次元
	北米・中南米諸国		
1	アメリカ合衆国	59,532	
2	エクアドル	6,199	①～④
3	メキシコ	8,902	
4	ブラジル	9,821	
5	ペルー	6,572	
6	ボリビア	3,394	なし
	ヨーロッパ		
1	イタリア	31,953	
2	オランダ	48,223	
3	ドイツ	44,470	
4	フランス	38,476	
	旧ソ連圏		
1	ロシア	10,743	
2	キルギス	1,220	⑤および⑥
	アフリカ		
1	モロッコ	3,007	
2	タンザニア	936	⑤および⑥
3	ナイジェリア	1,969	⑤および⑥
4	東アフリカ	N/A	①～④
	アジア		
1	インド	1,939	
2	ネパール	835	なし
3	タ　イ	6,594	
4	中　国	8,827	
5	日　本	38,428	

滞在したり訪問したことのある19の国および地域を中心に、これらの6つの文化次元についてまとめてみたい。ホフステードの調査はビジネスが焦点となっていることから、表4にもあるように、先進国の国々が半分近くを占めており、いわゆる発展途上国と言われる国々（ボリビアやネパール等）は調査の対象となっていない場合が多い。また、モロッコやインド、ブラジルについては、これまで仕事や生活をする上で接点が多かったこともあり、含めることとした。

表5　16の国および地域における権力格差（PDI）

	権力格差度（PDI）	
ロシア	93	権力格差が高い
メキシコ	81	
中　国	80	↑
エクアドル	78	
インド	77	
モロッコ	70	
ブラジル	69	
フランス	68	
東アフリカ	64	
ペルー	64	
タ　イ	64	
日　本	54	
イタリア	49	
アメリカ合衆国	40	↓
オランダ	38	権力格差が低い
ドイツ	35	

①権力格差（ＰＤＩ：Power Distance Index）

国や組織の構成員が持つ権力の不平等さに着目したもので、権力格差が大きい文化では、部下は上司の指示を待つ傾向にあり、指示通りに動くことが期待される。一方、格差の小さい社会では、上司（自分も部下と同じ普通の人）は、部下が指示を待たずに自分でイニシアティブを取って進めることを期待する傾向がある。よって、組織の在り方や、マネージャーの役割にも大きな影響を与える。中国やメキシコ、ロシアでは上意下達、つまりトップダウンであるのに対し、オランダやスカンジナビア諸国は権力格差が小さく、ボトムアップで仕事が進められる傾向にある。日本はどちらかといえば中間層に属し、台湾などの東アジア諸国に近い。

表6　16の国および地域における個人主義度（IDV）

	個人主義度（IDV）	
アメリカ合衆国	91	個人主義
オランダ	80	
イタリア	76	
フランス	71	
ドイツ	67	
インド	48	
日本	46	
モロッコ	46	
ロシア	39	
ブラジル	38	
メキシコ	30	
東アフリカ	27	
中国	20	
タイ	20	
ペルー	16	
エクアドル	6	集団主義

②個人主義と集団主義（IDV：Individualism Index）

個人主義は読んで字の如く、自己中心的で自分自身や親子など近親者の利益を重要視する。一方、集団主義は、所属する会社や親族、コミュニティーの利益を優先する傾向がある。ある集団に忠誠を誓う限り、その人はその集団から生涯にわたって保護される。日本の終身雇用体制における会社人間もその一例といえよう。個人主義度が高いのは、米国やオランダ、フランス、ドイツ等の欧米諸国が多く、日本は中間程度、一方、集団主義の代表は、ペルーやエクアドルといった南米諸国、そして中国やタイなどである。

表7　16の国および地域における男らしさ（MAS）

	男らしさ（MAS）	
日　本	95	男らしさ
イタリア	70	
メキシコ	69	
ドイツ	66	
中　国	66	
エクアドル	63	
アメリカ合衆国	62	
インド	56	
モロッコ	53	
ブラジル	49	
フランス	43	
ペルー	42	
東アフリカ	41	
ロシア	36	
タ　イ	34	女らしさ
オランダ	14	

③男性らしさと女性らしさ（MAS：Masculinity Index）

男らしさが強い社会では、自己主張が強く競争好きで、たくましく、他者を蹴り落としてでもトップに上り詰めようとする。成功と賞賛に価値を置く。昨今ジェンダー格差が叫ばれて久しいが、日本はイタリアやメキシコ（マッチヨのイメージがありがち）を抑えて堂々とこの文化でトップとなっている。

一方、女性らしさが強い国では、家事や育児、人間関係全体に関心を持ち、自分の成功より不遇な人たちを助けることに価値を見出す傾向がある。オランダは男性らしさが低いのだが、確かに夫婦での育児家事分担や服装のニュートラル化（男女を問わずジーンズを履いていて、質素な出で立ち）などからもその傾向がうかがえる。

④不確実性回避（ＵＡＩ：Uncertainty Avoidance Index）

不確実性回避とは、「不確実で曖昧な状況に脅威を感じる度合い」で、この度合いが高い文化では、それを避けるために制度や手法を構築する傾向が強い。具体的には詳細なルールを作ることなどが挙げられ、リスクを恐れるため柔軟性に欠ける。その度合いは、ロシアや日本、ペルーで高くなっている。一方、不確実性の回避が低い文化では、考え方がラフであり、柔軟性に富みリスクを恐れない。この傾向は、中国やアメリカ合衆国、インドで顕著となっており、これらの国々でスタートアップや起業家がどんどんビジネスを展開している昨今の情勢にも大きく起因しているものと思われる。

オランダはほぼ中間層に属している。前述の加藤さんが、オランダに駐在している日本人向けに「文化とマネージメント：オランダ株式会社との付き合い方」という講座を２００３年秋から２００４年秋まで日蘭商工会議所発行の「ＪＣＣかわら版」で延べ13回執筆しており、第８回目の講座では、日蘭文化のスコアを紹介しながら、不確実性の回避の度合いがビジネスにどのように影響しているのかを、具体的な例を多く踏まえながら説明しているのが興味深い。日本は極度に「不確実性の回避度」が高いが、オランダは中程度であり、加藤さんが次の４つの事例（規則、マネージャーの役割、品質保証、そして目標管理）を挙げてわかりやすく説明している。その中で、規則と目標管理について加藤さん

表８　16の国および地域における不確実性回避（UAI）

	不確実性回避（UAI）	
ロシア	95	詳細なルールを作る・柔軟性に欠ける
日　本	92	
ペルー	87	
フランス	86	↑
メキシコ	82	
ブラジル	76	
イタリア	75	
モロッコ	68	
エクアドル	67	
ドイツ	65	
タ　イ	64	
オランダ	53	
東アフリカ	52	
アメリカ合衆国	46	↓
インド	40	柔軟性に富み，リスクを恐れない
中　国	30	

図 3　ホフステードの 6 次元モデル・日蘭文化のスコア

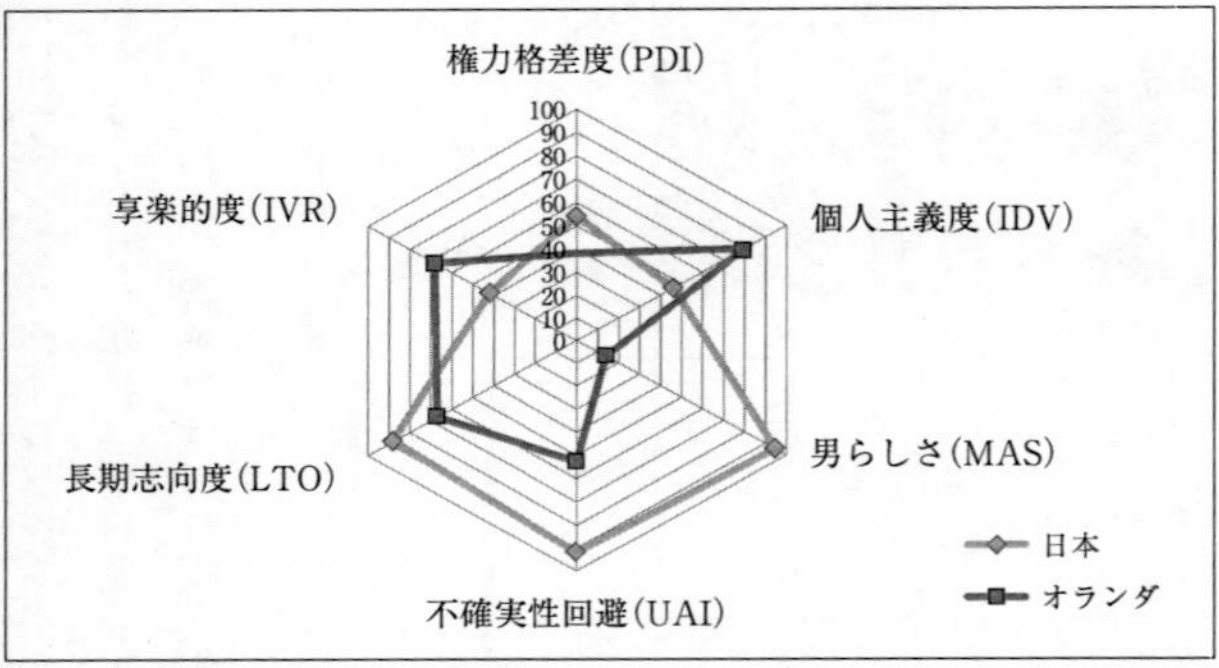

出所：加藤，2003 を参照。

の事例を紹介したい。

a．規則について

日本では合法か違法かがはっきりしていて、小中学校でも校則がかなり厳しく、不確実性の入り込む余地がほとんどないのだが、オランダの場合は、権力格差が少なく、個人主義が強い国民性である（図 3 を参照）こともあり、規則や法律の運用もかなりフレキシブルである。無意味なルールは守らなくても良いとさえ明言する人もいたりして、合意が得られれば規則を変更することも考慮して仕事に取り組んでいる。法律上は違法とされているソフトドラッグの売買も、個人向け使用といった一定の基準を満たせば黙認されるという「半合法化」によって管理しているのが現状である。ただし、度が過ぎると警察等が逮捕に踏み切るので、油断はできない。

b．目標管理

なるほどと自分も納得したのだが、日本人は予算作成や年間目標を立てて、その達成を目指すことが多い。オランダ人にとって「目標」とは、その時点でのコンセンサスの結果であり、状況の変化によっては交渉し修正することも可能な流動的なものにすぎないという日蘭の違いがある。日本人は男らしさ度が高いので、目標は達成されるものだと思い込みがちだが、オランダ人はある程度の不確実性を受け入れても平気でいられるようだ。

最近の例では、アムステルダム市内の地下鉄南北線建設プロジェクトがその顕著な例かもしれない。２００３年４月に建設が始まった際は７年後に完成すると言っていたのに、再三延期となり、予算も当初は14億ユーロ（およそ２、０００億円）とされていたのに、気がつけば２倍以上の31億ユーロ（およそ４、３００億円）に膨れ上がり、竣工から15年後の２０１８年７月22日にようやく開通するという運びとなった。これは極端な例かもしれないが、日本人から見ると「オランダ人は目標は立てるけど管理しない」イメージになりかねない。

⑤長期的志向と短期的志向（LTP：Long-Term Orientation Index）

将来を見据えて今の行動を決定しているのか、将来のことはわからないので今を大事にするか、つまり前者が長期的な志向で、後者が短期的な志向といえる。メキシコやペルーでは「Hasta mañana、明日できることは今日やるな！」的な行動によく出くわした。また、アフリカでもナイジェリアやモロッコなどの国々が短期的な志向を好む傾向がある。日本政府等が支援する開発援助の技術協力プロジェクトでは、通常は3～5年間の実施期間を設定することが多いが、短絡的思考の傾向がある国では当初の計画通りに事業が進まない場合が多い。

表9　17の国および地域における長期的志向（LTO）

	長期志向度（LTO）	
日　本	88	長期的志向
中　国	87	
ドイツ	83	↑
ロシア	81	
オランダ	67	
キルギス	66	
フランス	63	
イタリア	61	
インド	51	
ブラジル	44	
タンザニア	34	
タ　イ	32	
アメリカ合衆国	26	
ペルー	25	
メキシコ	24	↓
モロッコ	14	短期的志向
ナイジェリア	13	

⑥人生の楽しみ方：抑制的か享楽的か（ＩＶＲ：Indulgence Versus Restraint）

抑制的であれば物事を悲観的に、享楽的であれば楽観的に考える傾向が強いといった人生の楽しみ方の傾向を表す。同じキリスト教でもカトリック教徒は享楽的で、プロテスタントは抑制的だとよく言われている。この文化次元で93カ国および地域中、享楽度が最も高い国がベネズエラで、その後にメキシコ、プエルトリコが続く。日本は、タイやドイツ等とともに中間的であり、ロシアや中国、モロッコ、インド等が抑制的とされている。

表10　17の国および地域における享楽的度（IVR）

	享楽的度（IVR）	
メキシコ	97	享楽的
ナイジェリア	84	
オランダ	68	
アメリカ合衆国	68	
ブラジル	59	
フランス	48	
ペルー	46	
タ　イ	45	
日　本	42	
ドイツ	40	
キルギス	39	
タンザニア	38	
イタリア	30	
インド	26	
モロッコ	25	
中　国	24	抑制的
ロシア	20	

3　キルギス共和国の事例と他のモデル

プロジェクトの背景

（1）国レベル

ソ連崩壊後、キルギス共和国（以下、略称でキルギス）が独立してから、中央アジア諸国にも数多く設置された日本センターが、１９９５年に地元の大学キャンパスに開設された。１９９１年に独立して以来、キルギスが産業を促進するためにさまざまな経済プログラムを採用してきた内の１つで、１９９５年5月に、支援委員会（日本政府と独立国家共同体であるＣＩＳを構成する12カ国の政府によって設立された国際機関）を構成する日本政府・キルギス政府間の合意に基づき、キルギス日本センター（現在はキルギス共和国日本人材開発センターと改称）が開設された（後述、共存への道・日本センターの例も参照）。ＪＩＣＡが活動を始める前から、キルギスで20年以上の幅広い活動を地道に継続しており、親日派の拡大に大きく貢献してきている。また、ＪＤＳと呼ばれる公費留学制度では、毎年10名以上の公務員が2年間、日本各地の大学の修士課程に派遣され、専門分野のみならず、語学や文化習慣を習得してキルギスに戻ってきている。林業関係の援助プロジェクトでも、筑波大学で修士をとった女性2名が活躍（世銀ならびにＦＡＯ）しており、私もよくお世話になっている。日本での学業は厳しかったけど、担当の先生や周りの日本人に大変よくしてもらったと好意的である。

（2）個人レベル

キルギスの人は、見た目も日本人に似ている人が多く、キルギスの各地で活躍する協力隊員も、道端とかでキルギス人と間違われて場所を尋ねられたりするそうだ。類似点としてキルギス人がよく持ち出すたとえに、赤ちゃんに見られる「蒙古斑」がある。隣国の中国人やビジネスで奮闘している韓国人には「蒙古斑」がないけど、我々やモンゴル人、そして日本人にはある、だから我々は兄弟だ！　というのである。また、「我々の祖先は、昔同じ村に住んでいたけど、ある日、肉が大好きなグループはキルギスへ、魚介類が好きなグループは日本に渡っていった」と語ってくれるキルギス人もいた。こういう風に言われると、言葉が直接通じなくても、なんとなく親しみが湧くようになるものである。

キルギス西部・タラス州のマナス営林署にて
（2016年2月）

（3）プロジェクトレベル

旧ソ連時代には、コルホーズ（集団農場）やソフホーズ（国営農場）とともに林業関係の組織としてレスホーズという体系があり、ソ連崩壊後にもレスホーズだけは解体されずに今に至っている。日本でいう営林署で、森林経営や植林、違法伐採の管理等を地道に続けてきている。中央には森林局があり、そこが予算管理や人事異動等を担当しており、我々のプロジェクトは、同じ建物の一室を借りて2015年秋から活動をしてきている。

キルギスと日本の比較・ホフステードの6次元モデルを参考に

データが入手できないこともあり、旧ソビ

エト連邦国やその周辺国の情報も含めて述べることとする。

①権力格差（PDI）について

これまで仕事をしていて実感するのは、典型的な上意下達の国であるということ。ソ連時代の中央集権型経済モデルが、90年代初頭まで続いていたことや、警察官や移民局に勤める公務員による賄賂要求（権力の悪用）が頻繁にあることからも伺える。

②個人主義度（IDV）について

コルホーズやソフホーズといった組織がソ連時代には君臨していたが、独立後には崩壊し、生産者団体（例えば、りんご等の果樹）農協組合等はほとんど存在しない。特に地方は人口密度が希薄で、家族単位の経済活動（夏期における高原での放牧等）が中心となる。一方で家族間の結びつきは強く、困っている親戚等から借金を頼まれても断らずに援助したりしており、扶助システムが機能しているように思われる。ビシュケク等の都市部で見られる路上生活者のほとんどがロシア系とも言われており、キルギス人は困った家族関係者の面倒を意外と見ているものと思われる。

③男らしさ（ＭＡＳ）について

家事手伝い、育児については日本よりも進んでいるかもしれない。ビジネスのトップクラスには女性も多く、ＫＲＪＣ日本センターのミニＭＢＡへの参加者も半数が女性である。また女性の政治家や女性社長も多い（女性大統領がこれまで1名選出されている）。ＪＩＣＡ技術協力プロジェクトで働いている日本人専門家からの感想でも、仕事を任せて最後まできちんとやってくれるのは女性になりがちで、男性は小さい頃から甘やかされて育てられてきているせいか、今一つ頼りないということをよく耳にする。

④不確実性回避（ＵＡＩ）について

この点については、まだ個人的にもデータ収集でも納得できるまでに至っていないので、残念ながらあまり語ることはできない。ただ、日本は世界の中でもこの係数が高い国の1つである。その日本と比べると、キルギスはあまり不確実性の回避にこだわっているようには思えない。

⑤長期志向（LTO）について

キルギスは、農耕民族の日本人と違って、昔からユーラシア大陸を舞台に、遊牧や貿易を営んできた末裔であるし、馬や羊、牛といった個人財産をその場に応じて処分しながら生活を維持している。地方都市の定期市では、朝イチに仕入れた羊等が少しでも値上がりするのであれば、その場で売却して利益を得る商才がある。農作物でも、換金作物（例えばタラス地方の豆生産）にはパッと飛びつくが、数年かけて連作を防ぎながらいろんな栽培食物を育てるといった中長期的な計画を事前に立てるようなことはあまりしない。それでも前述のデータによれば、フランスやイタリアと近い位置にあり、ほぼ中期志向となっている。普段付き合っているキルギス人はどちらかと言えば短絡的な志向のような気がするのだが、それは我々日本人がかなり長期志向であり、比較の問題なのかもしれない。

⑥享楽度（IVR）について

冠婚葬祭の派手さは目立つものがある。トイと呼ばれる輪番制のパーティーがあるのだが、身内や友人で飲み食いする集まりで、自分が当番になった時は、借金をしてでも飲み物や食べ物をそろえて振る舞うことが多い。イスラム教徒が多い国ではあるが、意外と享楽的北部にある田舎の村だったことから，彼女の親が反対したという。この男性とは結局結婚せず，2回目に今の旦那に「誘拐」されたそうだ。

すると通訳のクラリサさんが，「女性だけじゃないわよ」と切り返してきた。彼女が学生の時に真面目でシャイな男性がいて，女性の憧れの的だったのだが，どの女性にも声をかけないことから，ある女学生が自宅のパーティーに招待し，お酒を飲ませて酔っぱらわせて，その晩は彼を泊まらせてしまい，翌朝起きた時には軟禁状態にしていたと言うのだ。その後どうなったの？　と聞くと，彼も結婚に同意して両親もOKだったとのこと。

この「誘拐結婚」だが，その後，つい気になってウェブ等で調べてみたところ，2014年6月にナショナル・ジオグラフィックから「キルギスの誘拐結婚」(注2) という林典子さんの写真集が発売されている。まだ手にしていないが，結構衝撃的な写真が収められているようだ。

(注1)「誘拐結婚」とは，男性が見初めた女性を自宅などに連れ去り，説得できれば結婚できるというキルギスの風習とのこと。現在は法律上，禁止されているが，一部の地方では継続されているようである。

(注2) http://natgeo.nikkeibp.co.jp/nng/sp/kyrgyz/

コラム7 COLUMN キルギス共和国の誘拐結婚

キルギスを初めて訪問したのは，2015 年 6 月上旬だった。その時に 1 週間滞在したのだが，通訳のクラリサさんと開発援助コンサルタントのケレスさんという 2 名の女性にお世話になった。2 人とも英語が達者で，2 日目の昼食の時に，ふとした話から「誘拐結婚」の話になった。というのも，その日の午後にキルギス農業省の局長との面談予定を入れていたのだが，急遽キャンセルになり，その理由を聞いたら「彼のお嬢さんが誘拐された」と言うではないか。そりゃ大変だ，身代金とか要求されているのかもしれないね？　などと応対したところ，どうやらちょっと違うようで詳しく聞くと，キルギスで伝統的に行われている「誘拐結婚」(注 1) の一環として，お嬢さんがお婿さん候補にさらわれてしまったと父親である局長が突然知らされたという次第だった。この話の続きで，ケレスさんが「実は私も，今の旦那に誘拐されて結婚した」と言うではないか。今の旦那の友人が数名来て，車で彼の実家まで連れられていき，結婚に同意したとのこと。しかもこれが初めてではなく，20 歳の時に初めて誘拐されたものの，その時は彼女の両親が反対して逃れることができたと，淡々と語るのだった。どうして最初の時は結婚しなかったのかと聞いてみると，その彼とは 1 時間しか会ったことがない面識のない男性で，しかも首都ビシュケクの

プロジェクトスタッフの結婚式での民族舞踊
（2018 年 9 月）

で悲観しない国民である。ホフステードのデータでも、キルギスはほぼ中間に位置しており、日本とも近く、お互いに似ているようである。

ホフステード・モデルの活用

このホフステード・モデルを上手に活用すれば、日本の国民文化の特徴を知るだけでなく、自分が暮らした国、もしくは赴任するであろう地域への理解を深めることに役立つと思われる。また、日本の首相官邸が最近作成した「未来投資戦略２０１８」でも、外国人材の受け入れ整備や訪日外国人数の拡大などが提案されており、文化の違いと多様性を受け入れる上で、ホフステード・モデルを通じて異文化理解に努めることも大切だと思われる。

加藤さんは「（日本人と違う）オランダ人の行動パターンがどこから来ているかを知ることで、今後の彼らの行動を予測することが可能となり、不確実性を減少させることができる」と述べ、経験や訓練である程度、不確実性に対応する個人能力を高めることができるとしている。さらに、この相互理解の手段としてのホフステードモデルを発表した２００４年の投稿で次のように述べている。

「相手の言動を繰り返し体験することを通じ、相手への感受性を磨く必要がある。そうした感受性をもちながら（鍛えながら）、相手に理解できる言葉と方法でご自分の意思を伝え、相手を動機付け、課題を達成してもらうというスキル、コンピテンス（専門的な能力）を身につけて初めて有効な異文化間マネージメントが可能となる」。

この有効な異文化マネージメントとして、次の3段階を実施することを加藤さんは提案している。「文化があることの認識（気付き）、異文化に関する知識（理解）、そして文化を超えて課題に取り組む技術」。この最初の2段階に取り組む上で、個人レベルでも企業レベルでも、ホフステードモデルは相互理解の手段として役に立つことが多い。

メイヤーのモデル

ホフステード・モデルとは別に、ビジネスの世界で異文化を理解するツールを紹介したのがエリン・メイヤーである。『異文化理解力―相手と自分の真意がわかる』という著書の中で、相手の言動の真意を理解し、自分の言動を相手がどう捉えているかを理解するとともに、育った環境や価値観が異なる人と働くときに、行き違いや誤解を生むことなく、確かな信頼を築く技術として、次の8つの指標を紹介している。

①コミュニケーション（コンテクスト程度の違いによる文化的差異）
②評価の表現（批判する場合が直接的か、もしくは間接的か）
③説得の論理（原則優先か、運用優先か）
④組織の統率における権力格差（平等主義か、階層主義か）
⑤意志決定（トップダウンか、合意形成を重視か）
⑥信頼の形成（心情的か、認知的か）
⑦意見の対立（対立的か、回避的か）
⑧日程管理（厳格に行うか、柔軟に対応するか）

著者エリン・メイヤーは、10年超の研究や数千人の経営幹部への取材から、これら8つの指標を世界65カ国以上で調査し、そのデータをもとに自国と他国における文化の違いを可視化したカルチャーマップを開発し、紹介している。データの入手やカルチャーマップの作成は、オンラインで可能（ただし有料）で、異文化を理解する強力ツールとしてビジネス界を中心に利用されている。例えば日本人が、中国人やフランス人と仕事をする上で、「自分は相手と、何が、どう違うのか」が一目でわかるようになっている。また、問題が起きやすいビジネステーマを指標にし、例えばプレゼンや交渉などでだれかを「説得」する際に、相手の傾向や考慮すべきことが事前にわかるのもありがたい。

ホフステードの6つの文化次元モデルとの相違点は、男性らしさと女性らしさ（MAS）や人生の楽しみ方（抑制的か享楽的か：IVR）にメイヤーは触れておらず、その代わり不確実性回避（UAI）で挙げられている4つの事例（規則、マネージャーの役割、品質保証、そして目標管理）がそれぞれ独立した指標として取り上げられている。

カンのモデル：異文化主張力

グローバルビジネスでの成功の鍵等を紹介したT・W・カンの著書『異文化主張力』で、彼は「異文化環境において主張すべきことをきちんと主張し、日本人が目標を達成するための「成功の鍵」を提供するのがこの本の狙い」と述べている。

国際ビジネスの最前線で問題解決のプロとして活躍したカンは、彼の経験をもとに、異なる文化の土俵の上で駆け引きに勝ち、目標を達成するためのいろんな策を具体的に紹介している。そして、各々の発信力だけでは勝ち抜けないとして、この「主張力」とは、次の6つを含んだ概念であると明瞭に述べている。①発言力、②議論力、③営業力、④交渉力、⑤組織統率力、そして⑥人財力の6つを高めるべきだとし、グローバル社会に巻き込まれて戸惑いつつある日本人向けに日本語で書き下ろしている。

オランダに住むようになって気がついたことの1つが、欧米人は、自分たちに都合が悪いとルールを改正（改悪）し、勝ちやすい状況を作ろうとするのが得意なこと。ここには性悪説を信じ、植民地経営を長年続けてきた欧米人の歴史や背景も関係していると思われる。

以前にも、冬季スポーツで日本人がジャンプ大会等で勝ち続けたら、スキー板の長さを変えたりして、日本人を追い出そうとしたことがあった。勝とうと努力するだけではなく、日本人だったら素直に従うであろう規則にも疑問を持ち、委員会等の〝承認〟を得たことにしていきなりルールを変えてしまうことも多い。こういう委員会で根回しをして改正を阻んだり、もっと都合のいいルールを推薦するようなしたたかさが、日本人には欲しいところである。携帯電話やビデオデッキ等の〝世界標準化〟でも、結局うまく行かずに〝ガラパゴス化〟してしまっている現状を改善できるようにし、なるべくアウェーではなくホームでビジネスを展開できるようにするには、やはり異文化の懐に入り込んで同化させることと、したたかに主張していくこと（カン氏曰く）が今後欠かせないと思われる。

そして最後に、異文化での仕事を進める上で、「卓越した語学力と尊敬される人格で知られる阿部仲麻呂や空海に学べ！」と激励しているのが印象的だ。また、後でも述べることになるが、異文化におけるきちんとした情報収集を心がけるようにすべきである。日本人は情報を無料だと思いがち。オランダでも海外赴任に関する事前講義等が会社ごとに実施されることが多いが、赴任してからのケア、また帰国後の対応に関しては、得てして個々で対応している場合が多い。

4　さまざまな対人コミュニケーション

暗黙知と形式知

この新書シリーズで刊行してもらった拙著でも取り上げたことだが、日本人は得てして、仕事をする上で「暗黙知」を好む傾向がある。カン氏の著書『異文化主張力』では「ハイコンテキスト」とも表されており、「一を言えば十がわかる」ことが美徳とされてきた。齋藤孝は、著書『誰も教えてくれない 人を動かす文章術』の中で、「文学でも俳句の表現のように五七五のたった十七文字で収められており『皆まで言うな。その先の言わない部分は受け手が推し量るのだ』というのが日本人の気質であり文化的特徴であった」と述べている。多くの日本人は伝統的に島国育ちで、内向きであることとも関係していると言えよう。

この和訳しづらい「コンテキスト」という英単語は、直訳すれば「文脈」や「文の前後関係」という意味となる。特定の民族内で共有される社会常識や認識を指す概念で、1976年にエドワード・ホールが『文化を超えて』という著書で提唱しており、「ハイコンテキスト」を意訳すれば「以心伝心」とか「阿吽の呼吸」とも言える。一方、移民を歴史的に多く受け入れ、多様な価値観や文化、宗教が入り乱れているアメリカ合衆国やオランダなどは

「外向き」で、このコンテキスト度が低い「ロー・コンテキスト」の社会と言える。ここでは「暗黙知」はほとんど役に立たず、「形式知」が重要となってくる。異文化、つまり国籍や生い立ちの違う人たちが集まる混合メンバーでの会合では、この「形式知」をいかに共有するかが大切である。カンはその方法として次の3つを挙げている。

①議論の課題をしっかり定義すること。
②議論のルールを前もって説明すること。
③議論が展開する過程においてルールが守られていることを確認すること。

そして、定義やルールはあらかじめ共通の言語（英語など）で箇条書きにして、会合の参加者の「形式知」として前もって伝えておくことが望ましい。また、後で詳しく述べるのだが、この3点を実施するためには、ファシリテーターと呼ばれる会議進行役を事前に決めておくと良い。

よくあることだが、ファシリテーターがいない場合、限られた時間の中で話が脱線してしまい、結論が出せないまま尻切れとんぼになる。2015年から従事している中央アジア・

キルギス共和国のJICA技術協力プロジェクトでは、主に日本人が6名、キルギス人が4名携わっているが、日本人はキルギスに長期滞在していないこともあり、離れた距離でも便利なスカイプを使って定期的に協議をしてきている。お互い母国語でない英語を使って行う、プロジェクトの進捗状況や問題解決といった会合は、大体1時間ぐらいかかる。充実した会合だったと思うときは、課題に関する資料や書類が事前に共有されていて、会合参加者の報告や意見が一部に偏ることなく、みんなから満遍なく出されて、結論がはっきりしている場合である。

今年で4年目ということもあり、プロジェクトに関わる人たちの間でコンテキストが高まってきているとも言えよう。ただ、このような状況に甘えて、ついつい「阿吽の呼吸」で異文化の人々（この場合、キルギス人）と仕事を進めようとすると、後で痛い目に遭いかねない。

ハイ・コンテキストな文化とロー・コンテキストな文化の比較

ホフステード・モデルでも分析されているが、日本人はハイ・コンテキストな文化で育ってきている。この日本のような国の人が、コンテキストの低い国（例えばアメリカ）に関わる際には、最小限の社会常識を理解した上で、形式知を身につけることが不可欠となってくる。実はコンテキストが高い人が、別のコンテキストの高い国に仕事などで関わる場合も、その敷居は高く難しいと思われる。しかし、一度その障壁を乗り越えると、どっぷり浸かることになる。例えば私のネパール滞在中もそうで、逆に日本に戻ってから、日本の文化に戸惑う逆カルチャーショックを受けたし、キルギス語で仕事をする協力隊員などもかなり現地に溶け込んでいると言えよう。これまでの個人的な経験や知見を下地に、ハイ・コンテキストとロー・コンテキストな文化の比較を試みた（表11）。

意思決定のプロセスも、この2つの文化ではだいぶ違う。日本では計画を立てるのに十分な時間と人材を当て、仕事を進める上で定期的に管理して進捗状況を確かめながら結果を求めていく。コラムにもあるように、それはＰＤＣＡと一般に呼ばれるもので、例えば大学受験のための試験勉強や、開発途上国の化学プラントの建設の場合には不可欠な管理手法である。一方、戦場のような、状況が刻々と変化する場合は、まず周辺を浅く広く観察し、問題が見つかった場合にはその要因を探るようにする。その対策をいろんな仮説をもとに立てるとともに、限られた時間で実行に移すことが求められる。このような過程において、情報の伝達ミスは許されず、暗黙知に頼るようなことがあった場合には、致命的な結果に陥ることも予想される。

表11　ハイ・コンテキストな文化とロー・コンテキストな文化の比較

	ハイ・コンテキストな文化（内向き・敷居が高い）	ロー・コンテキストな文化（外向き・敷居が低い）
典型的な国	日本・海に囲まれた，鎖国もしていた国	アメリカ・移民の集まりで歴史が浅い（先住民を除く）
一言で？	「黙って俺についてこい！」・ウェットな付き合い	Liability（責任は誰が取る？なんでも弁護士相談）・ドライな関係
知の形式	暗黙知	形式知
ホフステード的には	集団主義	個人主義
他の国・社会	先住民族，植民地化されたことのない国（ネパール，タイ），日本の田舎（方言や慣習），大学の同窓会，海外の県人会，京都，リマ	移民が多い多民族国家（アメリカ，フランス，オランダ等），多国籍企業，大都会，シリコンバレー，東京，ワシントンDC
濱口秀司的には	出る杭は打たれる，平均的なレベルの人材が育つ To Do Listから始める	出る杭を育てる，一芸に秀でるカルチャーから始める
少し変わったパターン	岩手県で3年間過ごしたアメリカ人のJuan Carlosさん（日英のバイリンガル）	アメリカ合衆国の中にあるアミーゴ社会（ハイ・コンテキスト）の“国際金融機関”IDB
意思決定に向けて	PDCA（日本企業）	OODA（アメリカの軍隊）

1つ残念なことなのだが、グローバル化ではどうやらコンテキストの低い国や人たちが、のさばっているような気がしてならない。ISOなどの世界標準モデルやプラットホーム、国際条約、そして柔道やスキージャンプのように平気で自国に都合の良いようにルールを改定（改悪、改善）する欧米人が主導権を握るスポーツ団体には、ロー・コンテキストの文化の人々がかなり多いように思える。

このような情勢において、コンテキストが高い国で普段暮らしたり仕事をしている日本人は、どうしても不利になりがちである。コンテキストの低い人々を熟知するよう心がけるとともに、コンテキストの高い他の国々で日本人が働く場合は、一度障壁を乗り越えればメリットも多く出てくるであろうことを念頭に、ビジネス等でもお付き合いを進めていくことが望まれる。

ファシリテーション・問題解決と合意形成

ファシリテーションという言葉に初めて接したのは、ローマでFAO本部に勤務していたときであった。Sustainable Livelihood Approach というイギリスの信託基金がスポンサーだった包括的なプロジェクトがあり、そのコーディネーターだったアメリカ人のヤン・ジョンソン氏が披露してくれた会議の進め方やブレーンストームの使い方を見ながら、多国籍軍のFAOでどのように意思決定を進めていくのか自分なりに勉強した。老若男女問わず、百戦錬磨でクセのある人が集まる会合の場で、きちんと議論を戦わせて結論に導いていくのは、リーダーではなくファシリテーターだとヤンは教えてくれた。その後、FAO本部での内部研修に参加し、ドイツで実施されたファシリテーター認定講義にも参加する機会があった。堀公俊の著書『ファシリテーション入門』には、ファシリテーションで次の効果が得られると具体的な事例が盛り込まれている。

コラム8 PDCAとOODAの相違点
COLUMN

①PDCAとは何？

PDCA［P（Plan，計画），D（Do，実行），C（Check，評価），A（Act，改善）］は，マネジメント・サイクルの1つで，仕事を進めるうえで非常に便利なツールとして広く使われてきている。

日常生活の中で何気なく実施していることで，例えば，試験勉強の場合は，Pで学習計画を作り，Dで日々勉強をし，Cでその勉強の成果を模擬試験などで評価する。問題があれば，Aで勉強のやり方を変えたり，学習計画を見直したり，レベルを変えたりする。このPDCAは，ものごとを管理するためのサイクルで「管理」というところに焦点を置いている。

②OODAとは何？

OODAは次の4つからなる。O(Observe，観測)，O(Orient，方向付け)，D（Decide，評価決定)，そしてA（Act，実行）である。Oで，起こっていることを観測し，その結果，何か問題があれば，その問題の要因を考える。次のステップであるOで，未来を考える。そのまま，今まで通りに実行するとどうなるのか？　とか，問題が起こっているので，対策したらどうなるのか？　などがそれに当たる。そして，Dで，何をやるのかを決断する。今まで通り実行するのか？　問題を解決するために別の何かを実行するのか？　などといった決断である。最後にAでは，Dで決めたことをただ実行するだけで，同時にデータなどの情報を収集する。アメリカでは，軍事行動でこのOODAが使われている。OODAループはオペレーションに該当し，PDCAサイクルはマネジメントに該当する。　　　（田中靖浩，2016を参照）

①成果に至る時間を短縮する、
②チームの相乗効果を生む、
③メンバーの自立性を育む

また、「ファシリテーションは、組織のパワーを引き出し、優れた問題解決に導く技術」とも述べている。多彩なメンバーが働く多国籍企業や開発途上国でのプロジェクトにおいても、目まぐるしく環境が変化しており、臨機応変な対応が求められることが多い。その際に、リーダーとは別に、ファシリテーターが必要となる場合が出てくる。コミュニケーションの場を作り、人と人をつないでチームとしてのチカラ（力）を巧みに引き出し、多様なメンバーの想いをまとめていく黒子のようなファシリテーターが求められている。このファシリテーターの存在は、「異文化交流」を考える上でも欠かせないと言えよう。

開発援助の現場でファシリテーションを応用した例として、和田信明と中田豊一著『途上国の人々との話し方：国際協力メタファシリテーションの手法』がある。途上国の現場で課題解決をする際に、日本人は得てして技術的な対応策（ハードもの）を考えがちだが、実際は社会的なことや人間関係といったソフトウェアの要素が大きい場合もあり、単なる専門性だけでは歯が立たないケースが良くある。だからこそ、ファシリテーションが必要になってくるとして、「対話型ファシリテーション手法」の導入を提案している。ファシリテーターも含め「思い込み」の罠に陥ることなく、「事実質問」を簡潔に行い、「提案しない＝最後の一言は相手に言わせる」というコミュニケーションの基本を、開発援助プロジェクトの現場でも実施するというものである。これは、異文化交流にも応用が効く。例えば、「インド人はAである」といった思い込み。「この村にはBという問題がある」という事実の確認、そして、その問題解決を相手側に提案させるということになる。先進国から来たから、なんでも我々の方が優れているという錯覚を持ちながら仕事を進めていると、どうしてもトップダウンな指示を出しがちで、気がついたら相手側がこちらに依存する体制が出来上がっており、プロジェクトの持続性が確保できていないということに、プロジェクトが終わる頃に気がついてしまうというパターンである。

芸は身を助ける

急速にグローバル化が進む社会において、異なる国の言語や文化を理解するのみならず、多様な価値観を尊重しながら自国の文化の魅力をいかに伝えていくかも重要になってくる。

「芸は身を助ける」と良く言われるが、日本文化の素晴らしさを伝えられるようなことを各々が身につけていると、異文化の相手と向きあった場合に良好な関係を築きやすくなる。それがスポーツであっても音楽であっても料理でも構わないと思う。日本人男性はみんな空手ができると思われているのかと疑うぐらい、海外では格闘技への関心が高い。また、書道ができる人は、筆ペンで相手の名前をカタカナや漢字で書いてあげると、それだけで大層な喜びようだったりする。

パナマに滞在してスペイン語の学校に通っていた頃、隣国コスタリカに留学中の友人を訪問するために、1人でバスに乗って旅行した時にはあまり会話ができなかった。そこで、暇つぶしに近くに座っていた子供向けに手持ちの紙で折り紙を折ってあげたら、お母さんにも感謝された。折り鶴でも羽が動くものを作ったり、紙が硬めの名刺を使って飛び跳ねるカエルを作ったりして、長いバス旅を過ごしたこともある。またホームパーティーとかに呼ばれた時に、日本の料理を持っていくとみんな喜んでくれる。それが簡単な巻き寿司だったり、焼き鳥だったとしても。オランダで大学生に日本語を教えていた時も、クリスマスパーティーを授業後に開いて、もう1人の日本人講師と一緒に手作りの日本料理を振る舞ったこともあった。

非言語的コミュニケーション

言葉が意味する内容を「言語的（バーバル）コミュニケーション」と言うのに対し、それ以外のコミュニケーションはすべて「非言語的（ノンバーバル）コミュニケーション」と言う。この非言語的コミュニケーションには、イントネーション、抑揚、表情、しぐさ、姿勢、文脈、服装など、言葉で伝える以外のあらゆるものが含まれている。相手に自分のメッセージを伝えるというと、どうしても言語的コミュニケーションを考えてしまいがちだが、実は非言語的コミュニケーションがコミュニケーション全体の65〜70％を占めるともいわれている（鍋倉、２００５）。そしてこの非言語的コミュニケーションには、いわゆる五感（視覚、聴覚、触覚、嗅覚および味覚）が含まれており、文化によってかなり異なるため、外国人との交流の難しさの1つともなっている。

例えば、他人との距離のとり方を「対人距離」と言うが、これは相手との親しさの程度によって異なる場合が多い。欧米諸国ではそれほど親しい間柄でなくても距離が接近することが多く、握手や抱擁、キスなどが普段の挨拶代わりになる。南アジアや東南アジアでは一般的に、互いに接触することがほとんどなく、お辞儀をしたり、胸の前で手を合わせて挨拶をする「無接触文化」であるのに対し、南欧やラテンアメリカ、中近東、アフリカの国々では、

ネパール中西部・ブジュン村での視覚カードを使った聞き取り調査（1993年11月）

挨拶として抱き合うなどの「接触文化」が多く見られることから、身体接触のあり方も文化によって異なる。

視線も、相手を注視することが、相手への興味・関心を示す場合もあれば、攻撃・威嚇を示す場合もあるし、マリエッタが記述していたように、日本では、日本人はアイコンタクトを避けがちである。日本では、アイコンタクトを避けることが目上の人に敬意を表す行為とされるのだが、欧米諸国では対話の際に相手の目をきちんと見ることが、誠実さを示す行為とされている。

また、日本人がよくしがちな微笑みも、本人は照れ隠しや愛想笑いのつもりでも誤解されることが多く、「ジャパニーズ・スマイル」と称されて、時として偽善的で不誠実な行為と相手に思われることがある。
このように、外国人の非言語的コミュニケーションをどう解釈するか、自分の非言語的コミュニケーションがどのように解釈されるか、ということを常に意識しておくことが異文化と付き合う上で欠かせない。

註

（5）日米地位協定や国連軍協定等の該当者

第5章　共存への道：異文化を知ることは自文化の理解を深めること

1　国際結婚：異文化のぶつかり合いと個人レベルでの共存

一度日本を離れると、国際結婚は結構ありがちだと思うようになった。もちろん、義理の両親が国際結婚をしているということから、個人的にも違和感をあまり持たなかったこともある。青年海外協力隊でネパールにいた当時は、地元の人と結婚する隊員はあまりいなかったが、ホンジュラスやインドネシアに派遣された同期隊員の数名が、現地の職場等で出会ったパートナーと結婚して、その後も家族として暮らしている。オランダに住み始めて気づいたのは、日本人女性とオランダ人男性のカップルが多いこと。その逆（つまり私たちのようなパターン）は、これまで私が知り合った中で三組しかいないぐらい、男女の比率はアンバランスである（日本人男性はあまり魅力がないからよ！　と冗談半分でオランダ人女性に言われたことがある)。日本人女性はオランダ人男性と一緒になるのに、なぜその逆は少ないのだろうと、その当時も不思議に思っていた。

オランダで主夫をしながら子育てをしていた時に、同じような歳の子供がいる日本人グループに時々呼んでもらって、子供たち同士で遊ばせながら親同士は雑談を楽しむといった集まりがあった。しかし、このグループのメンバーは、私以外はみんな日本人女性。今のようにスマホがあったら、ママ友のようなつながりになっていたかもしれない。

国際結婚をして、相手(私の場合、マリエッタ)の呼び方にもいろんな選択肢があると気づくようになった。英語だとワイフと簡潔な呼び方になるが、日本の場合は、家内、奥さん、妻などといろんな呼び方がある。それ以外にも「カミさん・女房・母ちゃん・相方」や親しみを込めてニックネームで呼んでいる方もいる。JICA長期滞在でも家族で赴任する人は多いが、その時に聞いてハッと思ったのが、奥さん曰く「自分の夫が私を紹介する時に、家内とか奥さんと言われるのが嫌だ、できれば妻ときちんと呼んでほしい」ということ。気になって調べてみると、世間では次のように区分されているようだ(6)。

- 妻:夫が自分の配偶者を呼ぶ呼び方

- 嫁：自分の息子の妻のことを呼ぶ呼び方
- 奥さん：他人の妻のことを呼ぶ呼び方
- 家内：家の中で暮らす人の意から転じて、夫が妻を呼ぶ呼び方
- カミさん：昔、商売人や職人の妻のことを呼んでいた呼び方
- 女房：昔は朝廷に仕える女官や貴族の待女（身の回りの世話をする女性）をさして呼んでいた呼び方

スペイン語でも esposa 以外に mi mujer, mi senora などと使い分けている。男性の場合は Mi Marido と使うことも多いが、その女性形である Mi marida という使い方はあまり耳にしたことがない。

浅田次郎の著書『オー・マイ・ガアッ！』では、ホテルの老ピアニストが次のような一言をもらしている。

「こうして年老いた夫婦を見ていると、アメリカ人と外国人は一目で見分けがつく。ヨーロッパのゲストは女房が一歩先に歩く。中国人や韓国人は亭主が前。日本人は男と女が別々

に歩く。そして、アメリカ人は手をつなぐ。まるで永遠の恋人同士みたいに」。

確かに、オランダ人である私の妻は、買い物などで街を歩いている時に、早歩きになりがちな私に時々文句を言う。「なんでいつも私より先に歩きたがるの？　私はトルコ人の奥さんじゃないのよ！」と。アメリカ人は、夫婦でひとつがいの社会人とみなされることが多い。その歴史的な背景として、夫婦が力を合わせないと生きていくことができなかった長い開拓時代があるのではないかと浅田氏は言う。この他に、家族で移民としてアメリカに渡ったときに、新天地のアメリカでは夫婦が一緒に頑張らないと生き残れなかったという事情もあるように思う。

再婚についても〝連れ合いに先立たれた後で再婚するのは、不実だから、みんなさっさと離婚する。離婚の後の再婚は誰も文句をつけない。この国の自由とは、自由と不自由を自由に選択できる自由のことなのさ〟と前述のピアニストに言わせている。こういう哲学的なことを言われても、首を傾げたくなるのは、日本人だからなのかもしれない。

「国際結婚は2倍辛いことがあるけど、その分2倍楽しい」と言う友人がいて、なるほど言い得て妙だなと感心した。言葉も習慣も文化も違う2人が、一緒になって子育てや仕事、教育といった一連の活動に取り組んでいくのだから、その都度、意見の食い違いが出るのは当然である。喧嘩も絶えないし、誤解を招くことも多い。そういう障害を乗り越えて、何かを達成した時の嬉しさは格別である。私の場合、義理の両親が国際結婚で、妻や姉と弟が身近に2つの文化に接していたという前提条件がある。私の方は、大学に入るまで日本でずっと過ごしてきた転勤族の息子なので、逆に国際結婚に関して無知だったが、異文化の外国人をパートナーとして、個人レベルで共存の道を探りつつ、これまで何とか乗り切ってきたというのが実感としてである。

2　身近な国際協力・組織レベルでの共存

民族コミュニティの有無

異国では同じ文化のコミュニティを持ち、付かず離れず時々接触することによって孤立を防ぐとともに、異文化への適応をよくすることが可能である。ペルーにいた時には、首都のリマにある、日系人が運営するスポーツセンターのAELUによくお世話になった。我々のように短期滞在者ではなく、ペルーに定住して文化的同化や生活水準の向上を目指して苦労してきたペルー日系人の汗と涙の結晶でもあるAELUでは、野球やサッカーなどいろんな

息子２名も参加させてもらった第34回リマ日本人親睦テニス大会
（2014年２月）

スポーツに老若男女が参加した。私たち家族も、週末にテニスコートでメンバーの方々に大変親切にしてもらい、どれだけ救われたことか。また、定期的に日本人親睦テニス大会が開催されており、永住組を含む長期滞在者や、大使館や商社等の駐在員、そして日本人学校の先生などの短期滞在者が入り混じって、日頃のストレス解消をしていたことも懐かしい思い出である。

また、米国・ワシントンで働いていた時は、毎週土曜日、オランダ語補習校に息子２人を通わせていた。そして60名前後いた生徒と保護者からなる運営委員会に顔を出し、会計などの仕事を補佐したり、お祭りの準備を手伝ったりして、オランダ人コミュニティと仲良く付き合うことができた。ここで知り合ったオランダ人家族とは、いまだにオランダでも付き合って、ワシントン滞在時の懐かしい話に花を咲かせている。

共存への道・日本センターの例

日本人なら普通のように思っていることも、外国人には魅力的に映ることが結構ある。例えば、旅館に泊まるということ。お風呂や食べ物、浴衣、畳の部屋などいろんな日本の文化を一泊で経験でき、彼らには貴重な異文化体験となり得る。そのような場所を普段から自分なりに見つけておいて、異国からの知り合いとかに紹介できるようになるのも楽しいものである。このような日本の文化発信を組織的に行ってきたのが、中央アジアや東南アジアに設立された日本センターであろう。キルギスでも、JICAが事務所を設立する前から地元大学と共同でキルギス日本センター（現在は、キルギス共和国人材開発センターと改称）を設立し、和太鼓や茶の湯、相撲などの日本文化の紹介に20年以上努めてきており、文化のみならず、最近ではキルギス人の関心が高いビジネスについても講座等を開設して頑張ってきている（コラム9参照）。

コラム9 COLUMN キルギス共和国人材開発センターでのセミナーに参加して

2015年に開所20周年を祝ったキルギス共和国人材開発センター（KRJC）では，随時セミナーが開催されているが，2018年春には，日本からの講師も加わって3カ月間のミニMBAが開催されていた。その講師の1人である上東幸次JICA短期専門家が，松下幸之助の著書『経営のものさし』を取り上げ，英語（ロシア語の通訳付き）で説明してくれるというので，私も出かけてみた。恥ずかしながら，松下幸之助の著書はこれまできちんと読んだことがなく，パナソニックの創設者で松下政経塾を立ち上げた関西出身の経営者ぐらいの知識しかなかった。キルギスの人からどんな反応があるのか？　という好奇心で参加したのだが，講師の上東さんの絶妙で熱のこもった説明に引き込まれた。コーヒーブレークの際に，センター内の図書館で松下さんの日本語の著書を3冊探し出して，講演を聴きながらページをめくることとなった。

『経営のものさし』はすでにロシア語にも翻訳されており，参加者からその入手先を聞かれるなど，30名近い参加者の関心度はかなり高いものだ。上東さん自身，パナソニックに34年勤め，本社にある研修センターでマーケティングなどを教えてきたベテラン。これまでもモンゴルやベトナム，カンボジア等で講師を務めており，いろんなエピソードを交えてのあっという間の3時間だった。このグローバル世界で，しぶとく生き延びていくには，明確な社是を掲げ，「守銭奴」にならないよう心がけてきた松下幸之助のような日本人実業家から，我々が学ぶことはまだまだたくさんある。

ネパールの地震とオランダの募金活動

オランダでは、2018年になってから北部のフローニンゲン地方で地震が起こり、煉瓦積みの家の壁にヒビが入ったり、床が割れたりという被害が出たことから、オランダ政府に被害補償を請求する運動が広がっている。地震の原因は、地下にある天然ガスの採掘によるものだとする意見が多く、エネルギーをなかなか自給できない小国オランダにとっては、自国産の天然ガス供給は死活問題である。ただ、この地震の規模というのが、マグニチュードで3から3・4程度と、日本人だったらまったく気にならない程度の規模のものなのである。それを地震と言って大騒ぎしているオランダ人には、2015年4月25日に起きたネパールの地震や、2011年3月11日の東日本大震災の被害はきっと予想できないのではないか？　と新聞やテレビのニュースに接するたびにため息をついてしまう。

2015年春に起きたネパールの地震の時は、オランダの自宅におり、当日の朝にFacebookで初めて知った。友人や知り合いの安否確認、各国の救援隊派遣や募金活動などの情報収集などで毎日が過ぎていったことを思い出す。27年前の1988年8月20日に起きた地震（インドとの国境付近が震源で、マグニチュード6・7の地震）の際に、カトマンズ市内の協力隊ドミトリーの二段ベッドで寝泊まりしていて、「誰か寝返りを打っているのかなあ、えらく揺れるなあ」と思って起きたら地震だったという笑えない状況を思い出した。そのとき以来の大規模な地震が今回のもので、マグニチュードが7・9と報道されたことから、被害も1988年の時より甚大なものになることを予感した。

5年前の地震が起きた時には、発生日から死傷者数が毎日増加しており、地方の様子が伝わるようになるとさらに増加するのではとの懸念があったことを思い出す。私のようにネパールの現場におらず、緊急援助等の技術や経験がないものにできることには限りがあったが、信頼できる団体へ募金をするとともに、現場からの情報をSNS等のメディアで共有するなどできる限りのことを続けてきた。

また、緊急援助の次に必要とされる復興支援に向けて、友人や有志とアクションを起こせればと考えていたが、これはほとんど実現できなかった。とはいえ、地震に〝敏感〟なオランダでは、インドネシア地震やハイチ地震の際に、国を挙げて募金活動を展開してきた歴史がある。Giro555というオランダ人なら馴染みのある募金番号で、当初はネパールの被害は小さいと見られていたことから6868という別の番号で細々と始まったが、3日後の4月27日には555に格上げされ、オランダ国民に幅広く伝わることとなった（写真参照）。1週間後の4月30日朝には、100万ユーロ（約1億3千万円）が集まっており、2017

募金を呼びかけるオランダの新聞広告
（2015 年 4 月 27 日）

年12月末でおよそ2、520万ユーロ（約33億円）。人口1、700万人のオランダとしてはかなりの額である（国民1人当たり約200円の募金）。この募金をもとに、現場の復興支援では、オランダの11団体（Oxfam-Novib, Cordaid, CARE, ICCO などのNGO[7]）がそれぞれの重点分野で関わってきている。2017年末の報告書によれば、大災害が発生してから2年半の期間に、暫定的な避難所建設、水と衛生改善、生計にかかる事業等に収益の95%を費やした[8]。このネパール地震関係のGiro555のお金の支援は、2017年末まで継続されていた。

　当時の情報を振り返ると、ネパールのみならず、近隣諸国のインドやチベット、バングラデシュにも被害が出ており、パタンやバクタプールなどカトマンズ盆地の古くからの寺院が崩れた画像を見て呆然としていたことを思い出す。被災地が早く立ち直れるように祈る気持ちでいっぱいだったが、遠隔地にいる自分としては、信頼できるところに募金すること、そして周りの多くに現状を知ってもらい、募金等にも関わってもらうことの2つぐらいしかできなかったが、オランダの支援総額とその内容をみる限り、オランダ国民の善意と支援はきちんと被災者に届いていたように思う。

3　異文化を知ることは自文化の理解を深めること

異文化と自文化

文化（Culture）とは『語源中心英単語辞典』（田代正雄著）によれば、本来、耕す（英語でCultivate、ラテン語でCultivare）という言葉に由来している。文化も、農作業のように地道な作業を繰り返して初めて、豊かな実りを得ることができるのである。自文化を耕すように深く広く知る努力を続けるとともに、異文化での苦しみや困難を乗り越えて、何かを創造したり発見する楽しみや喜びを得ることによって、新しい何かに取り組むことができるようになると思えてならない。

異文化は自文化を反映させる鏡のような役割を果たしており、言い方を変えれば反面教師とも言えよう。異文化に接し、学び、理解を深めることで、実は自文化を見直し、漠然としていた象徴的なことを学び直す機会が得られるとも言える。

第4章でも取り上げたことだが、異国で暮らす上で重要なことの1つに、異文化と自文化の違いを楽しむ余裕が欠かせない。文化というものは国によってさまざまであり、その違いを前向きに受け入れることができるかどうかが、その後の生活等に大きく響いてくる。マナーひとつとっても、自分の国の常識が他の国では非常識になってしまうことも多い。正しい、正しくないではなく、その違いを理解することを心がけるように、その違いを楽しめるようになったらしめたものである。見知らぬ土地への旅の醍醐味は、そうした違いを楽しむことにもあるが、駐在とか留学で長期滞在するとやはり当初の感動は徐々に薄れるものである。最近では、世界中どこも欧米化が進んでいて似たような雰囲気になっているが、日本は欧米の影響を受けつつも、確固たる自分たちのスタイルを守っているということも自覚しておきたい。それが例えば、日本独特の携帯電話文化（ガラパゴス化）だったり、アニメだったりする。そのような日本の独自性を自分なりに理解して、いつでもきちんと説明できるように心がけることも大切である。

図4　異文化接触と4つのタイプ

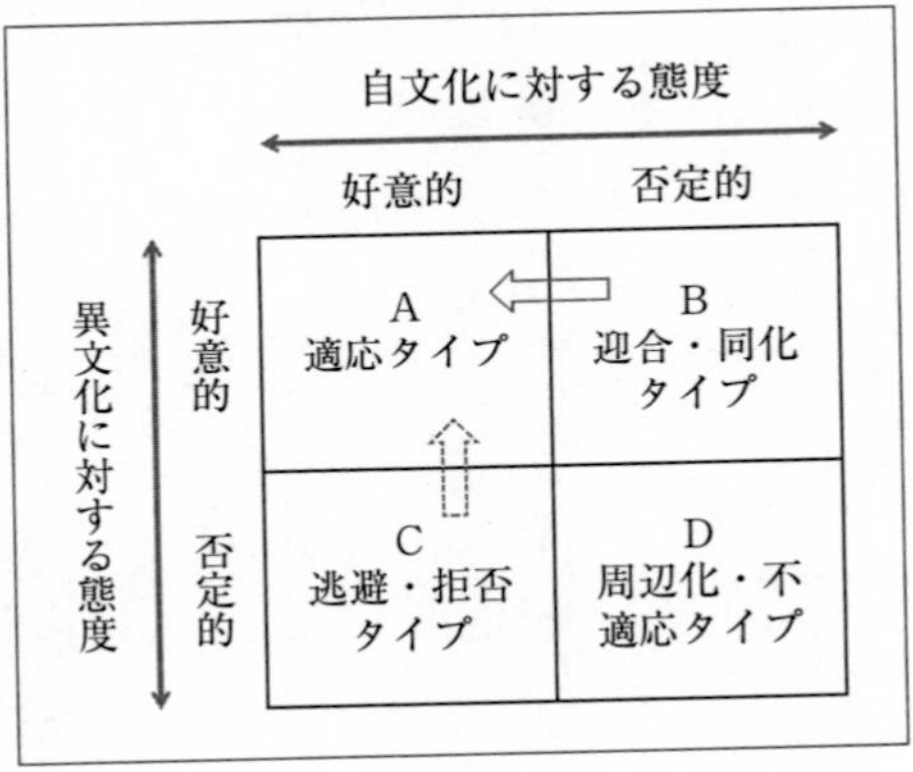

異文化接触と4つのタイプ

異文化に接した我々の対応は千差万別で、同じ状況下に置かれていても、個人によってカルチャーショックの強弱度や段階はそれぞれ異なると言える。異文化に対する態度を自文化に対する態度と比較してタイプに分類する試みを、鍋島健悦や牧野真理子がそれぞれの著書で述べており、それらを参考に4つのタイプに分類してみた（図4）。ここでは、自文化もしくは異文化に好意的か否定的かという軸をもとに、次の4つのタイプに区分して、それぞれのタイプを簡単に説明することとする。

A　適応タイプ

このタイプの人々は、社交的で現地の人とも積極的に付き合い、異文化を進んで理解することによって、その独特な環境や社会経済情勢に順応していこうとするタイプである。第3章の始めで述べたWモデル（異文化への適応曲線）では、ちょうどカルチャーショックを乗り切った頃からの時期に当たる。このタイプの人は、まず自国文化を客観的に捉え絶対視するようなことをせずに、それぞれの文化には固有の考え方があるという前提で現地駐在や活動を進めていく。物事を優劣で判断するようなことはせずに、異文化の知識を深める努力を怠らず、異文化理解に努める。その過程で、自国文化の特異性や普遍性を再確認しながら、自国文化をより深く理解しようと心がける。このタイプに至るためには、次に述べるBやCタイプから脱皮して行くことも十分可能である。国際協力に関わろうとするのであれば、この適応タイプになることを目指すことが望ましい。いわゆる「異邦人（魚に足が生えてしまった日本人）」（第3章図2および118ページを参照）もしくは、後述するグローバル人材と呼ばれる人たちの多くがこのタイプと言える。

B　迎合・同化タイプ

このタイプは、自分や自国文化に対して懐疑的だったり何らかの劣等感を持っている場合が多く、異文化への憧れなどから自発的に渡航を選択したグループと言える。私の初めての海外渡航（カナダ）もどちらかと言えばこのタイプに近かった。また、アメリカンドリームを求めて語学留学をするのもこのタイプであり、自国文化にあまり詳しくない若者層に多いタイプでもある。また、異文化における自分の異質性をなるべく覆い隠すとともに、その文化の人間になろうとする努力を通じて、異文化への同化を図る。極端な例では、話し方や生活形態、ファッションなどのすべてを真似して、その国の人々と同じようにするケースがある。このようなタイプをからかって、日本人だったら「バナナ」、南アジア出身の人なら「ココナッ」と現地で呼ばれたりする。要は、肌（つまり外見）は黄色だったり褐色だったりするが、中身は白い（つまり欧米かぶれしている）という比喩なのである。このタイプで、本国に戻らず現地の組織に雇用されるなど滞在が長期化した場合、言語をはじめとする滞在国の文化への同一性が徐々に求められるようになる。滞在国への同化を試みる過程で、心理的な葛藤の解決を図ることが不可欠となる。

C　逃避・拒否タイプ

私もマリエッタも異なる文化に遭遇した場合に、程度の差はあるものの、例外なくカルチャーショックを体験してきた。この文化衝撃的な体験の中で、どうしても欠かせないのが、良好な対人関係の構築である。異文化の環境下で、言葉が通じなかったり、非言語的コミュニケーションに戸惑ったりすることで、状況把握ができず相手の考え方や行動の原因が理解できないことから、カルチャーショックに直面してしまう場合が多い。短期滞在や駐在の場合、本国（例えば、日本）への帰国が前提であり、自国文化への同一性は保持される場合がほとんどである。大使館や政府関係者、そして企業の社員の場合は自発的な渡航でない場合も多く、異文化接触の度合いが低く、本国の文化をそのまま維持して生活することも可能である。また、異文化滞在中でも、経済的にも身分的にも安定した保障があるので、どうしても自文化でのやり方にしがみつきがちとなる。自分たちと異なる価値観や生活気風に遭遇した場合に、その違いを客観的にみることを怠り、即座に拒否してしまうことになる。このタイプは、相手国の言語や風習に少しでも馴染もうと努めれば、異文化での人間関係を構築できるとわかっていても、本国への帰国が前提という気持ちの前に積極的に取り組めない場合が多く、その国の人間と接触するのが精神的に負担となりかねない。

D　周辺化・不適応タイプ

いわゆる「根無し草」がこのタイプで、無国籍グループや流浪の民といったイメージに近い。Wモデルでは、カルチャーショックの反動から立ち直れず、満足度や快適さが低迷したまま自国への帰国を迎えるパターンである。葛藤を抱えたままショックなどの不適応現象に悩まされるので、本人のメンタルヘルスが崩れかねず、早期帰国など不本意な結果となる場合も多い。牧野の著書では、異文化ストレスと心身医療について、青年海外協力隊の隊員たちの具体的な事例をもとに、問題が生じた際の具体的な対応や、ストレスの癒し方について述べている。社会的にも経済的にも不安定な場合が多く、早期に適切な対処が求められる。国際協力に深く広く携わろうとするのであれば、このタイプからいち早く脱皮することが前提である。

異文化と向き合い、グローバル化社会で活躍するために

オランダにいるといろんな方とお会いする機会に恵まれてきたが、2018年5月に縁あって在ハーグ・国際司法裁判所判事の小和田裁判官ご夫妻の送別会に招待してもらった。オランダの東北県人会が新潟出身の小和田さんの送別会を企画して、その一席に私も参加させてもらったのである。貴重なお話を聞くとともに、後日、かながわ国際交流財団がインタビューをした『グローバル化する世界の中で生きていくために』の記事を転送してもらう機会を得た。その記事では、「国際化」と「グローバル化」の違いについて述べるとともに、グローバル社会で活躍する若者に求められる力について次のように提言している。

まずは、グローバル化した地球社会の中で生きていくための共通の資質として、次の4つのＩ（アイ）が重要だとしている。

①Individuality（個性を持った人間になること）
②Imagination（想像力を持つこと）
③Insight（洞察力を身につけること）
④Integrity（人間としての誠実さを持つこと）

この4つのうち、特に3番目の洞察力が、異文化と向き合う上で欠かせない。このインタビューにおいて、小和田裁判官は、「（2番目に挙げられている）想像力を駆使しつつ、何が相手をそのような行動に向かわせているのかを見抜く力を養うことは、異なった歴史や文化、背景を持っている人々と関わっていかなければならない世界において大切なこと」と語っている。

次に、グローバル化しつつある社会の中で、人々が生きていくために、多様性と普遍性という2つのキーワードが重要であるとしている。その定義には各論があるだろうが、インタビューの記事において、多様性とは「歴史的・社会的に異なった背景のもとで生まれ育った人々がその社会、文化の独自性・個別性を維持しながら共存して生きているということ」とし、もう1つの普遍性については「そういう異なった文化、伝統の中で、グローバル社会としての共通の課題に対して、同じ価値基準によって対応して生きていかなければならないということ」と説明している。つまり、多様性と普遍性という2つを調和させつつ、多様性の中に共通する普遍的価値を見つけていくことが、多文化共存でも欠かせないと言える。そのためには、「他流試合」を心がけることが重要だとして、剣道の例を挙げつつ、「他流試合によって、一刀流（自文化）の人がまったく違った流派である二刀流（異文化）との一戦で異質の体験をし、その体験を通じて自分がより成長し強くなり活躍できる人間になれる」というメッセージを若い人に贈っている。

他流試合といえば、相撲が好例かもしれない。日本の伝統である大相撲も、ハワイやモンゴル、欧州、旧ソ連諸国などの世界中の若者が集まり、異文化と格闘しながら、「国技」の屋台骨を背負う多くの関取が出るようになった。(9) これらの多くの外国出身力士は、日本という異国の地（アウェー）で語学（日本語）や生活習慣（食事や礼儀等）に苦闘し、猛稽古とハングリー精神で出世街道を駆け上がってきた。古くはハワイ勢の曙や武蔵丸、それを追うようにモンゴルからは朝青龍に白鵬、そしてブルガリアの琴欧洲らが優勝をするようになり、彼らの存在を抜きには日本の大相撲が成り立たなくなっている。

私たち2人もこれまで多くの他流試合を異国の地で経験してきており、試合を通じてかなり鍛えられてきたように思う。勝ったり負けたりその都度一喜一憂してきた訳だが、ホームで戦う際の有利さは忘れ難い。その有利さを心の隅に置きながら、アウェーで困っている人や奮闘している人を見つけたらなんらかの形で支援してあげたいと思う。

4　深く広く楽しい国際協力を目指して

フィールドワークを経験する

第1章や第2章でも記述したことだが、国際協力を目指す人は、異文化体験の根幹となるフィールドワークを経験し、現場で喜怒哀楽を共にした感動や新たな価値観をぜひ見つけてほしい。「百聞は一見に如かず」とは、言い古された気がしないでもないが、国籍や年齢、性別を超えた人々との出会い、日本とはまったく異なる現場での生活や研究から得ることは数多くある。

それと同時に「原点に戻る」ことも忘れてはならない。マリエッタがこの業界に足を踏み入れたのも、幼い頃に父親の実家で見たヘルパーの貧しい暮らしぶりがきっかけだったし、私の場合は、ネパールで協力隊員として過ごした2年間が原点になっている。よく言われることに、国際協力に携わる上で専門性を身につけて磨くことがある。

そのこと自体には異存はないのだが、井上真が『フィールドワークからの国際協力』という編著書（荒木徹也・井上真編）のまとめで、「専門家としてつくられる前の経験に立ち返る」ことの重要さを指摘している。専門家として「つくられる」前の経験（すなわち、素の人間としての感性に基づく経験）、あるいは日常の経験を繰り返し思い出し、原点に立ち返ることが欠かせない。そうしないと、「専門性を身につけることと思考の硬直化は、同時並行的に進展する傾向がある」と述べている。ともすれば、研究マシーンやコンサルタントマシーン、事業実施マシーン、開発援助の職人等になりかねない。そして、常に心ある人間としての視点を忘れてはいけないと、次のような5つの鉄則を挙げている。

①自分から進んで相手を信じる：お互いに信頼し合うことが重要。
②相手に疎外感を与えない：相手を疎外したり揶揄するような言動を慎む。
③陰で支える人を思いやる：フィールドワークや国際協力に限らず日常生活でも重要。
④人間としての尊厳を尊重する：「弱い者」や「軽視されやすい人」の味方をする。
⑤正義感をもとに冷静な行動をとる：短気にならず常に冷静で理性的に振る舞う。

この5つの教訓を頭の隅にいつも置いて、これからも国際協力に自分なりに取り組んでいきたいところだ。私自身、過去25年間にわたってネパールやメキシコ、ボリヴィア、ペルーなどで開発援助プロジェクトの現場に関わってきたが、いつもそこには限られた資源と厳しい自然環境の下で生活を営む現地の人々がおり、私のような外部者（日本人男性）を徐々に受け入れてくれたとの思いがある（コラム10を参照）。好きな言葉の1つに「Think Globally, Act Locally」があるが、グローバル化した世の中の現在過去未来をきちんと理解した上で、自文化と異文化を見極めつつ、相手（国であり組織であり個人でもある）の現状に即した活動を進めていきたいものだ。そして、「何のために協力するのか」という問いを常に問い続けることも必要である。

コラム10 COLUMN 思い込みの罠

メキシコのECOSURという研究所で働いていた時に，調査研究でユカタン半島のマヤ族の集落を訪れるようになった。初めの印象はあまり良くなく，日帰りで訪問した時は，「いつもハンモックでブラブラしていて，怠け者のようだ，これだったらいつまで経っても経済的には豊かにならないだろう？」と勝手に思い込んでいた。

機会を改め，仁義を切って，村の代表者に「今度来る時は，1週間ぐらい住み込みで調査をさせてもらいたい」と言ったところ，空いていた茅葺の家を1軒借りることになった。朝晩生活してみて初めてわかったのだが，マヤ族の人は朝が早く，薄暗い時から畑に出てトウモロコシの焼畑で雑草を取ったり手入れをしている。そして，日差しが高く暑い時間帯には，無理せず休んでいるのである。日帰りで訪問した時には，そんな彼らしか目に入ってこないのである。要は，マヤ族の働く時間帯は朝と夕方というだけであって，決して怠けている訳ではないと，住み込んでから初めて気がついた。

異文化と自文化の統合

赴任国で、本国文化を喪失したり、異文化との融合を試みるも挫折したりすることがよくある。五感を研ぎ澄ませて新しい文化的な同一性を見出し、これまで養ってきた自文化と統合するとともに調和を目指す一方、いろんな葛藤とは前向きに向き合うつもりでストレスの軽減を心がけるようにしたい。とはいえ、自分の感情等をコントロールできない場合なども考慮して、スポーツや趣味などを通じて定期的にガス抜きをすることも必要だ。

いろんなバックグラウンドを持つ人が集まれば、そこには「イノベーションを生み出せる」メリットがあると、立命館ＡＰＵ大学の出口学長も日経ＢＰでのインタビューで説いている。出口学長は「イノベーションは、『既存知』と『別の既存知』の組み合わせによって生まれる」と言い、その組み合わせる「既存知間の距離」が遠いほど、おもしろいアイデアが生まれるとしている。これを「自文化」と「異文化」に置き換えてみると、自分の価値観が覆されるような「異文化」を正面から受け止めるのであれば、国際協力に向けた斬新なアイデアが生まれ、イノベーションにつながっていく可能性が高くなるとも言える。

てていたリンゴの苗木が，病虫害等に悩まされつつも，比較的順調に育っており，晩生種のムツも大きな実をつけているのを見つけ，素直に嬉しくなった。

2017 年 9 月にはキルギスのカウンターパート 4 名が岩手県や青森県などで，リンゴ等の保冷倉庫や種苗会社を訪問し，日本のリンゴ生産や加工の現場を実際に体験し貴重な意見交換をさせてもらっている。日本の果樹栽培技術や販売，マーケティングをキルギスの現状と比較するとまだまだ課題が多いと，日本から戻って来て語ってくれた彼らだが，その知見がゆっくりと関係者の間で拡がってきている。実際に果樹の苗木販売を新しい営林署のビジネスとして確立できるかどうかは，各営林署の技量にもよる。苗木を売りに出すまでは少なくとももう 2 年間は必要であり，このプロジェクトが終了した後は，それぞれの営林署が自主的に運営資金を確保し，維持管理をしていくことが求められる。7 つの営林署のうち，どの営林署が苗畑ビジネスを確立するのか，今から気になるところである。

（出所：岩手日報 2019 年 10 月 20 日朝刊「世界は今　県人リポート 515」）

ポーランドから導入した「ムツ」とジェティオグス営林署苗畑管理人のエミルさん

コラム11 COLUMN 異文化交流するリンゴ

2015年9月から4年間の予定でキルギスの北部3州（タラス，チュイおよびイシククリ）にて展開してきた「林産品による地方ビジネス開発プロジェクト」も残すところわずかとなった。2017年春には，3州7営林署を対象に試験圃場を設置し，ポーランド等から主要果樹の改良型苗木や矮化台木を購入し，果樹苗木販売のビジネスがキルギス国内でも可能かどうか探ってきた。多くの営林署ではこれまでも針葉樹やポプラ等の苗木生産および販売をしてきているものの，果樹の苗木生産に関してはほとんど経験が無く，試行錯誤を繰り返してきた。プロジェクトでは，各営林署の苗畑担当者を対象に，接ぎ木や台木生産の研修等で隣国のカザフスタンやポーランドなどへの出張を実施し，キルギス国内の現地専門家とも定期的に巡回指導をしてきている。また，スマートフォンのソーシャルメディアを通じて，担当者からの疑問や質問，病虫害への対策などに随時対応するようにした。3州とも気候や土壌，水源の確保等，条件が異なり，春先の遅雪や雹などの被害に遭ったり，組織改革等のあおりを受けて，担当者の配属が一時期中断された営林署もあったりと，一筋縄では進まなかった3年間でもあった。

今年9月中旬には，JICA短期専門家でNHK趣味の園芸講師でもある元長野県果樹試験場長の小池洋男先生とともに現地視察をする機会があった。苗木や台木の生育状態を観察しながら，苗畑担当者の質問にも適宜対応してもらい，今年の冬から来年にかけての必要事項等についても丁寧に説明してもらった。イシククリ州のジェティオグス営林署にある試験圃場を訪問した際には，3年前にポーランドから輸入し育

異文化理解から異文化交流、そして国際協力

この世の中には、映像や教科書などでは学べない何かがある。私は、ネパールの山村で悪戦苦闘しながら、マリエッタはエクアドルでの幼年期の経験から、確かに何かを感じた。それらが我々のかけがえのない財産となり、それがあるから、国際協力に携わることが、今でも本当に楽しい。

日本の社会が抱える問題が複雑になりつつある今、1つの専門分野の技術や知識だけでは解決策を見いだせなくなってきている。体系的知識の上に課題を自ら発見し、解決できるような能力を持つ人材の必要性が、以前にも増して高まってきている。自分の専門（自文化）に加えて異質なもの（異文化）を貪欲に取り込んで、困っている人や、声を上げづらい人たちの悩みをくみ取り、開発援助の現場でいろんな問題を解決していくことが、深く広く楽しい国際協力への道につながっていくと信じたい。

世の中には理不尽なことがたくさんあるが、自分一人で正義感に燃えて世直しをしようと力んでも、世の中はそんなに簡単に変わるわけがない。とはいえ、何か困っている人がいて、その人たちに、自分の得た技術や知見、人脈などが役に立つのであれば、損得抜きで何かしてあげたくなるのは自分たちだけではないはずだ。このような欲求は、性善説に由来す

るものかもしれない。このような欲求は、異文化であろうと自文化であろうと、国境みたいな障壁も乗り越えることができると思う。そのための手段が異文化コミュニケーションであり、異文化理解や異文化体験を踏まえて、各々の異文化交流に結びついていく。制度としての国際協力という枠組みに沿うなり、個人レベルで国境を越えた交流や連帯を目指すかどうかは千差万別であるが、気候変動のような地球規模の問題に取り組むという命題がある現在、国際協力に携わる各々がきちんと準備をして、それぞれの目的達成のための手段をうまく活用していくことが、今後、より求められてくるだろう。その手始めとして、私たち夫婦のこれまでの経験や思索から何か手がかりが見出されるようなら幸いである。

国際協力に仕事として関わる上で必要な知識やスキルを身につけながら経験を重ねることで、自分も相手もより自由になれるし、自分の責任で取れるリスクの範囲も広がっていく。それが国際協力に関わる醍醐味だと思うので、その成長プロセスはぜひ踏んでいってほしいと思う。成長プロセスは、各々の環境や運勢、出合い等によって千差万別であるだろうけれど、根幹の部分にあるものはそんなに多くないと思っている。このような経緯を踏まえつつ、自文化への認識を深めながら、異文化体験を通じて異文化適応能力を高めることが、国際協力に関わる上で不可欠と言える。そして、今後、よりグローバル化が進む世の中で、自分たちが多様な環境の下で多彩な人材と共存していくことにつながっていくに違いない。

昔から島国根性というのか、同質主義を好み、「出る杭は打たれる」という日本の環境で育ってきた我々の世代も、現状に甘んじている訳にはいかない。一方で、オランダのように陸続きで、多文化多様な国で育つことのメリット・デメリットもきちんと認識しなければならない。異文化に臆せず堂々と入り込む度胸と胆力を備え、複雑な環境でも存在感を示せる骨太な人材として、今後も国際協力の現場に携わっていきたいと、私も妻も考えている。この本では、およそ30年間近く関わってきた私たち2人の経験を「異文化」という切り口で取り上げてみたが、ここまで読んでくれた読者の参考に少しでもなるようであれば、嬉しい限りである。

註

（6）http://trend-town.info/archives/1854.html

（7）https://giro555.nl/actueel-4/

（8）https://giro555.nl/tijdlijn-van-aardbeving-naar-herstel/

（9）日経新聞２０１８年10月６日の記事

あとがき

なぜ異文化のことを、理系の私が書こうと思ったのか、その動機をしばらく忘れていたが、その1つが創成社新書シリーズで編者として関わった『青年海外協力隊がつくる日本』で原稿を書いてもらった際に「多文化共生」とか「異文化理解」「多民族国家」といった言葉が多く出てきたことに気づいたことが大きい。また、座談会に参加してもらった協力隊ＯＢ・ＯＧの体験談も然り。２０１１年１月に初版を出す際に創成社の会議室で開いてもらった「これから協力隊を目指す人たちへ」という座談会には、シリーズ監修者の西川芳昭先生ならびに私を含めて4名のＯＢ・ＯＧが、またこの本の改訂版作成の話を担当者の西田徹さんから5年後にいただいた際には、新たに座談会を開きましょうと私の方から提案し、２０１６年11月に、２名のＯＧと1名の日系社会青年ボランティアが参加してくれ、同じく創成社の会議室で熱く語り合うこととなった。このような機会を重ねるうちに、これまでの活動時のエピソードや、対人関係、タブー、ポジティブな体験等の現地滞在時における異文化体験を新たにまとめてみたいと思うようになった。そして、このテーマに取り組もうと企画書を西田さんに提出したところ、幸い快諾してもらった。

ところが、筆がなかなか進まず、暗礁に乗り上げつつあり、苦しまぎれに妻へ相談してみたところ、妻も異文化の申し子だということにハッと気がついた。そしてオランダは、狭い国に多民族が寄り合って住む人種のるつぼ。ハイネケンやシェル、ユニリーバといった多国籍企業を産み出し、グローバル化が進む近年の世界経済で堂々と渡り合っているヨーロッパの小国オランダ。その国民が海外勤務する際にバイブルのように使ってきたのが、ホフステードの著書『多文化世界：心のソフトウェア』であり、初版が40年以上前の1976年に出版されて以来、オランダ国内外でロングセラーとなっている。そして多国籍企業やこれから海外に展開する民間企業の駐在員向けに特化した研修所がオランダ国内にもいくつかあり、そこでは海外赴任講習として、本人のみならず、配偶者や子供たち向けのプログラムも用意されている。赴任前のみならず、赴任中や帰国後のカルチャーショックに備えたプログラムもあり、異文化で暮らした家族向けの手厚い内容となっている。

片や、日本では2020年夏の東京オリンピック等の国際イベント開催を控え、欧米人だけでなく、名前がほとんど知られていないような国の人と、日本国内の至る所で出会う可能性が最近高まってきている。また、高齢化社会がますます進む日本では、介護福祉などを中心に、いろんな分野で外国籍の熟練工や専門職の人々に仕事を委ねることが不可欠になってきており、そのような人々や家族を日本国内できちんと受け入れることができるかどうか、日本人の資質が試される時期に差し掛かっているといえよう。

私と妻が出会ってからおよそ30年近くになるが、その間に出会った人々、働いて暮らした国々、異国での子育てや教育への葛藤などを語るとともに、そこから見出される普遍的な事項についても、できるだけわかりやすく読者の皆さんにお伝えできればと思い、執筆してみた。読んだ方の1人でも多くが、多文化共存というこれからの日本に託された重責にへこたれず、「熱い心」と「愛する心」そして「遊び心」を胸に秘めつつ、「深く正しく面白い国際協力」を目指しつつ、異文化の人々と日本のみならず開発途上国や先進国でも積極的に接してもらえるきっかけをつかんでもらえたのであれば、著者としても本望である。

最後に、原稿に目を通し校正等に協力してくれたＪＩＣＡ長期専門家（在ケニア）の齋藤克郎さん、デンソーブラジル・エグゼクティブコーディネーターの日野勇作さん、そしてホフステード・インサイトで企業向けにオランダ国内外で異文化研修講師をしている加藤真佐子さんには感謝の気持ちでいっぱいである。また所属先の高松安好社長や会社の仲間からは、いつも暖かい支援をいただいた。そして、このシリーズの監修者である龍谷大学経済学部の西川芳昭教授、そして原稿がまとまるのを辛抱強く待っていただいた創成社の塚田尚寛代表取締役と編集担当の西田徹部長には改めて御礼を申し上げたい。

最後にメキシコ市内に住む妻の両親および岩手県盛岡市内に住む私の両親は、これまで愛情を持って我々を見守ってくれた。心から感謝したい。

引用文献リスト

1．本等

青木　保（2006）『多文化社会』岩波新書（第7刷）
青木　保（2008）『異文化理解』岩波新書（第15刷）
浅田次郎（2001）『オー・マイ・ガアッ！』毎日新聞社
朝日ジャーナル（編）（1991）『世界のことば』朝日新聞社
荒木徹也・井上　真（編）（2009）『フィールドワークからの国際協力』昭和堂
泉谷閑示（2009）『「私」を生きるための言葉　〜日本語と個人主義〜』研究社
内村鑑三（2017）『代表的日本人』（鈴木範久訳）岩波文庫（第43刷）
大城　太（2017）『華僑の大富豪に学ぶずるゆる最強仕事術』日経BP社
小澤征爾（1980）『ボクの音楽武者修行』新潮文庫
川喜田二郎（1973）『野外科学の方法—思考と探検』中公新書
T・W・カン（2013）『異文化主張力：グローバルビジネスを勝ち抜く極意』日経プレミアシリーズ

215
北野収（2017）『国際協力の誕生』開発の脱政治化を超えて』創成社（改訂版）
国際結婚を考える会（編）（1994）『国際結婚ハンドブック：外国人と結婚したら…』明石書店
齋藤　孝（2010）『誰も教えてくれない人を動かす文章術』講談社現代新書
佐藤　優（2014）『「知」の読書術』集英社インターナショナル
青年海外協力隊ネパール会（2018）「2015年ネパール大震災復興にむけて：ネパールでの被災経験と支援活動から」（非売品）
高橋延清（1984）『樹海に生きて―どろ亀さんと森の仲間たち』朝日新聞社
田口佳史（2013）『超訳・孫子の兵法「最後に勝つ人」の絶対ルール』三笠書房
田代正雄（1990）『語源中心英単語辞典』南雲堂（第17刷）
ロバート・チャンバース（2000）『参加型開発と国際協力：変わるのはわたしたち』（野田直人・白鳥清志監訳）明石書店
手島龍一（2016）『汝の名はスパイ、裏切り者、あるいは詐欺師～インテリジェンス畸人伝』マガジンハウス
中田正一（1990）『国際協力の新しい風：パワフルじいさん奮闘記』岩波新書
中竹竜二（2009）『リーダーシップからフォロワーシップへ』阪急コミュニケーションズ
なかにし礼（2006）『赤い月』（上・下）文春文庫

中根千枝（1967）『タテ社会の人間関係：単一社会の理論』講談社現代新書
鍋倉健悦（2005）『異文化間コミュニケーション入門』丸善ライブラリー（第7刷）
林　俊行（編）（2008）『国際協力専門員：技術と人々を結ぶファシリテータたちの軌跡』新評論
平川克美（2015）『俺に似たひと』朝日文庫
平沢健一（2016）『アジアビジネスでの成功の道』産業能率大学出版部
堀　公俊（2005）『ファシリテーション入門』日経文庫（第6刷）
エドワード・ホール（1979）『文化を超えて』（岩田慶治・谷　泰訳）ティビーエス・ブリタニカ（原書"Beyond culture" 1976, Anchor books, New York）
牧野真理子（2002）『異文化ストレスと心身医療』新興医学出版社
松下幸之助（1994）『経営のものさし』PHP綜合研究所
松田道雄（1967）『育児百科』岩波書店
村上春樹・小澤征爾（2011）『小澤征爾さんと、音楽について話をする』新潮社
茂木健一郎（2006）『「脳」整理法』ちくま新書（第7刷）
和田信明・中田豊一（2010）『途上国の人々との話し方：国際協力メタファシリテーションの手法』みずのわ出版
Hodgetts, R.M. and F. Luthans.（2003）. *International management : culture, strategy and behavior*, 5th ed.

McGraw-Hill, New York.
Hofstede, G.（1980）. *Culture's Consequence：International Differences in Work-Related Values*. Sage, Beverly Hills, CA. 邦訳、Ｇホフステード（１９８４）『経営文化の国際比較：多国籍企業の中の国民性』（万　世博・安藤文四郎監訳）産業能率大学出版部
Hofstede, G.（1991）. *Culture and Organizations：Software of the Mind*. McGraw-Hill UK, London. 邦訳、Ｇホフステード（１９９５）『多文化世界：違いを学び共存への道を探る』（岩井紀子・岩井八郎訳）有斐閣
Hofstede, G., G.J. Hofstede and M. Minkov.（2010）. *Culture and Organizations : Software of the Mind. Intercultural cooperation and its importance for survival*. 3rd ed. McGraw-Hill, New York.
Meyer, E.（2014）. *The Culture Map：Decoding how people think, lead, and get things done across cultures*. PublicAffairs, New York. 邦訳、Ｅメイヤー（２０１５）『異文化理解力―相手と自分の真意がわかるビジネスパーソン必須の教養』英治出版

２．雑誌やウェブサイト等

小和田恒（２０１８）「グローバル化する世界の中で生きていくために」かながわ国際交流財団インタビュー
http://www.kifjp.org/wp/wp-content/themes/kif/images/hisashiowada.pdf
加藤真佐子（２００４）「文化とマネージメント：オランダ株式会社との付き合い方」ＪＣＣかわら版１８３号および１８７号

ジェトロセンター（２０１６）「特別インタビュー・グローバルビジネスを成功に導く外国人材活用の秘訣」２０１６年４月号
http://hofstede.jp/new/wp-content/uploads/2016/04/cf8b3b3c256ff302fd4a29310319cc72.pdf
首相官邸（２０１８）「未来投資戦略２０１８」
https://www.kantei.go.jp/jp/singi/keizaisaisei/pdf/miraitousi2018_zentai.pdf
関根久雄（２０１４）「開発実践における人々の感情・フィールドワーカーの感情・国家と住民感情」民博通信№１４４
田中靖浩（２０１６）『ＰＤＣＡを捨てＯＯＤＡを活用して戦いに勝ち抜く』
https://bizgate.nikkei.co.jp/article/DGXMZO3110683029052018000000
出口治明（２０１８）「出口治明のＡＰＵ学長日記―２０１８年７月吉日」
https://business.nikkeibp.co.jp/atcl/opinion/16/082000074/110100008/?P=2&ST=skill&mds
濱口秀司（２０１７）『ＴＯ ＤＯリスト、手順書、スキル、カルチャー。この４つに分けた「ナレッジの正体」を、どういう順番で教えるか』
https://www.1101.com/hamaguchihideshi/2017-11-23.html
平川克美（２０１７）「介護経験者はみな思う。「自分もこうなるのか」『俺に似たひと』の平川克美さんに聞く」日経ＢＰ社
https://business.nikkeibp.co.jp/atcl/report/16/030300121/092900031/?P=4

略語一覧

ACAP：Annapuruna Conservation Area Project（ネパール西部にあるアンナプルナ地域保全プロジェクト）

AELU：Asociación Estadio La Unión（ペルー首都リマにあるラ・ウニオン運動場協会）

CEDLA：Centre for Latin American Research and Documentation（オランダ・アムステルダムにあるラテンアメリカ研究文献センター）

CEO：Chief Executive Officer（最高経営責任者）

DC：District of Columbia（アメリカ合衆国のコロンビア特別区）

DELE：Diplomas de Español como Lengua Extranjera（スペイン政府認定の語学試験）

DFID：Department for International Development（イギリス国際開発省）

ECOSUR：El Colegio de la Frontera Sur（メキシコにある南部国境地域カレッジ）

ESOL：English for Speakers of Other Languages（英語を母国語としない生徒たちの英語習得を目的としたプログラム）

FAO：Food and Agriculture Organization of the United Nations（国連食糧農業機関）

FASID：Foundation for Advanced Studies on International Development（一般財団法人国際開発機構）

Hivos：Humanistisch Instituut voor Ontwikkelingssamenwerking（オランダにある開発援助のための人道的機構）

IAF：International Association of Facilitators（ファシリテーターのための国際協会）

IBM：International Business Machines Corporation（アメリカのコンピューター会社）

IDB：Inter-American Development Bank（米州開発銀行）

IDV：Individualism Index（個人主義と集団主義）

IFAD：International Fund for Agricultural Development（国際農業開発基金）

IFAT：International Federation for Alternative Trade（国際オルタナティブ・トレード）

IMC：Intercultural communication Management Center（異文化間マネージメントおよびコミュニケーションのセンター）

IVR：Indulgence Versus Restraint（抑制的か享楽的か）

JBI：James Boswell Institute（オランダ・ユトレヒト市のジェームス・ボスウェル機構）

JCC：Japanese Chamber of Commerce（日蘭商工会議所）

JDS：Project for Human Resource Development Scholarship by Japanese Grant Aid（日本政府による人材育成奨学計画）

JET：The Japan Exchange and Teaching Programme（語学指導等を行う外国青年招致事業）
JICA：Japan International Cooperation Agency（国際協力機構）
JOCV：Japan Overseas Cooperation Volunteers（青年海外協力隊）
JPO：Junior Professional Officer（国連のジュニアプロフェッショナル・オフィサー）
KIT：Royal Tropical Institute（オランダ国立熱帯研究所）
KLM：Royal Dutch Airlines（オランダ航空）
KRJC：Kyrgyz Republic Japan Center（キルギス共和国日本人材開発センター）
KY：Kuukiga Yomenai（空気が読めない）
LTP：Long-Term Orientation Index（長期的指向と短期的指向）
MAS：Masculinity Index（男らしさと女らしさ）
MBA：Master of Business Administration（経営学修士）
NGO：Non Governmental Organization（非政府組織）
NHK：Nippon Hoso Kyokai / Japan Broadcasting Corporation（日本放送協会）
NLP：Neuro-Linguistic Programming（神経言語プログラム）
NPO：Non Profit Organization（非営利組織）
NT2：Dutch as a Second Language（第二外国語としてのオランダ語）
OB・OG：Old Boy & Old Girl（学校や企業の卒業生・和製英語）

OODA：Observe, Orient, Decide and Act（観察、方向付け、評価決定そして実行改善）
PDCA：Plan, Do, Check and Act（計画、実行、評価そして実行改善）
PDI：Power Distance Index（権力格差）
PRA：Participatory Rural Appraisal（参加型農村開発手法）
ROC：Regional Education and Training Centre（オランダの地域教育トレーニングセンター）
SLP：Sustainable Livelihood Program（持続的生計向上プログラム）
SVO：Subject, Verb and Object（主語、動詞および目的語）
TOEFL：Test of English as a Foreign Language（外国語としての英語のテスト）
TOEIC：Test of English for International Communication（国際コミュニケーション英語能力テスト）
UAI：Uncertainty Avoidance Index（不確実性回避）
UNHCR：The Office of the United Nations High Commissioner for Refugees（国連難民高等弁務官事務所）
UNICEF：United Nations Children's Fund（国連児童基金）
USAID：United States Agency for International Development（米国国際開発庁）
VSO：Volunteer Service Overseas（英国の海外ボランティアサービス）
WFP：World Food Program（国連世界食糧計画）
YPP：Young Professionals Program（ヤング・プロフェッショナル・プログラム）

《執筆者紹介》

清水　正（しみず・ただし）

- 北海道大学農学部卒業，オランダ・ワーグニンゲン大学修士課程修了（熱帯林業）。国連食糧農業機関（FAO）本部，国際協力機構（JICA）長期専門家（ネパール，ボリビア，ペルー等），米州開発銀行（IDB）本部などを経て2012年からタック・インターナショナル主任コンサルタント。2014年からオランダ在住。2015年よりJICAプロジェクト「キルギス国林産品による地方ビジネス開発プロジェクト」に従事している。2008年から岩手日報『世界は今』に連載中。
- 主な著書：『世界に広がるフェアトレード』（第2刷）創成社新書，『青年海外協力隊がつくる日本』（第2刷）創成社新書，『ネパールを知るための60章』（ネパール協会編：共著）。

清水マリエッタ（しみず・まりえった）

- オランダ・ユトレヒト大学修士課程修了（文化開発人類学及びスペイン語）。国連難民高等弁務官事務所（UNHCR）メキシコ・チェトマル事務所や，国際連合児童基金（UNICEF）ネパール・ポカラ事務所に勤務した後，オランダではフェアトレードなどのビジネスモデルを推進するSolidaridadやWFTO, UTZの職員としてオランダ国内外の社会ビジネスモデルを支援した。またアメリカ在住時には，世界銀行石油ガス鉱業部門にて短期コンサルタントとして働き，民間コンサルタント会社で中南米（エクアドル，ハイチ，ウルグアイ等）の投資案件に関わる環境社会配慮を担当した。ペルーでは，フィンランド支援のアンデス再生エネルギープロジェクトにてアドバイザー（社会配慮とジェンダー）を務め，オランダ外務省・ジェンダー推進室の政策アドバイザーを経て，2018年よりシニア開発コンサルタント。
主な著作として，鉱業共同体開発協定ソースブック（世界銀行）（http://siteresources.worldbank.org/INTOGMC/Resources/mining_community.pdf）などがある。

（検印省略）

2020年1月20日　初版発行　　略称―異文化

異文化と向き合う国際協力
―開発援助の現場から―

著　者　清水　正・清水マリエッタ
発行者　塚 田 尚 寛

発行所　東京都文京区春日2-13-1　株式会社 創成社
電　話 03（3868）3867　ＦＡＸ 03（5802）6802
出版部 03（3868）3857　振　替 00150-9-191261
http://www.books-sosei.com

定価はカバーに表示してあります。

ISBN978-4-7944-5068-5 C0236
Printed in Japan

組版：緑　舎　印刷：スリーエス
製本：宮製本所
落丁・乱丁本はお取り替えいたします。

創成社新書・国際協力シリーズ刊行にあたって

グローバリゼーションが急速に進む中で、日本をはじめとする多くの先進国において、市民が国内情勢の変化に伴って内向きの思考・行動に傾く状況が起こっている。地球規模の環境問題や貧困とテロの問題などグローバルな課題を一つ一つ解決しなければ私たち人類の未来がないことはわかっていながら、一人ひとりの私たちにとってなにをすればいいか考えることは容易ではない。情報化社会とは言われているが、わが国では、世界で、とくに開発途上国で実際に何が起こっているのか、どのような取り組みがなされているのかについて知る機会も情報も少ないままである。

私たち「国際協力シリーズ」の筆者たちはこのような背景を共有の理解とし、このシリーズを企画した。すでに多くの類書がある中で、私たちのシリーズは、著者たちが国際協力の実務と研究の両方を経験しており、現場の生の様子をお伝えするとともに、それらの事象を客観的に説明することにも心がけていることに特色がある。シリーズに収められた一冊一冊は国際協力の多様な側面を、その地域別特色、協力の手法、課題などからひとつをとりあげて話題を提供している。また、国際協力を、決して、私たちから遠い国に住む人々のためだけの利他的活動だとは理解せずに、国際協力が著者自身を含めた日本の市民にとって大きな意味を持つことを、個人史の紹介を含めて執筆者たちと読者との共有を目指している。

本書を手にとって下さったかたがたが、本シリーズとの出会いをきっかけに、国内外における国際協力や地域における生活の質の向上につながる活動に参加したり、さらに専門的な学びに導かれたりすれば筆者たちにとって望外の喜びである。

国際協力シリーズ執筆者を代表して
西川芳昭